Berliner Platz 2 NEU

Deutsch im Alltag

Testheft mit Prüfungsvorbereitung

von
Margret Rodi

Langenscheidt

Berlin · München · Wien · Zürich
London · Madrid · New York · Warschau

Testheft mit Prüfungsvorbereitung zu Band 2 von Margret Rodi

Berliner Platz 2 NEU von Christiane Lemcke, Lutz Rohrmann, Theo Scherling
in Zusammenarbeit mit Susan Kaufmann und Margret Rodi

Redaktion: Daniela Blech-Straub
Gesamtkonzept und Layout: Andrea Pfeifer
Umschlaggestaltung: Svea Stoss, 4S_art direction
Coverfoto: Strandperle Medien Services e. K.; Abbildung Straßenschild: Sodapix AG
Illustrationen: Nikola Lainović

Für die Audio-CD:
Tonstudio: Plan 1 Media, München
Aufnahme, Schnitt und Mischung: Markus Zull, Plan 1 Media, München
Sprecher: Joschka Altschäffl, Johanna Batz, Stefanie Dengler, Marco Diewald, Werner Diewald, Nikola Lainović, Jakob Riedl, Annalisa Scarpa, Helge Sturmfels, Sabine Wenkums, Anne Zips

Materialien zu Berliner Platz 2 NEU:

Lehr- und Arbeitsbuch	978-3-468-47222-0
2 CDs zum Lehrbuchteil	978-3-468-47223-7
Intensivtrainer 2 (Kapitel 13–24)	978-3-468-47225-1
Lehrerhandreichungen 2 (Kapitel 13–24)	978-3-468-47229-9
Testheft 2 (Kapitel 13–24)	978-3-468-47228-2
DVD 2 (Kapitel 13–24)	978-3-468-47226-8
Treffpunkt D–A–CH 2	978-3-468-47236-7
Glossar Deutsch–Englisch	978-3-468-47230-5
Glossar Deutsch–Russisch	978-3-468-47232-9
Glossar Deutsch–Türkisch	978-3-468-47231-2
Glossar Deutsch–Spanisch	978-3-468-47235-0

Satz: Franzis print & media GmbH, München
Druck und Bindung: Stürtz GmbH, Würzburg
ISBN 978-3-468-47228-2

11020

Berliner Platz 2 NEU

Testheft

Inhaltsverzeichnis

 Sie sprechen allein.

 Sie sprechen mit einer Partnerin / einem Partner.

⊙ 1 Diesen Hörtext finden Sie auf der CD. Die Hörtexte 55 bis 69 beziehen sich auf den Modelltest Start Deutsch 2, den man unter www.langenscheidt.de/start-deutsch downloaden kann.

P SD2 So eine Aufgabe müssen Sie in der Prüfung Start Deutsch 2 lösen.

P DTZ So eine Aufgabe müssen Sie im Deutsch-Test für Zuwanderer lösen.

Quellenverzeichnis

S. 7 Vanessa Daly
S. 13 MonkeyBusiness – shutterstock
S. 17 oben: Yvonne Bogdanski – Fotolia.com; unten: Lutz Rohrmann
S. 18 Susan Kaufmann
S. 30 links: Gina Sanders – Fotolia.com; rechts: Ann Triling – Fotolia.com
S. 39 Vanessa Daly
S. 46 Lutz Rohrmann
S. 47 oben: iofoto – Fotolia.com; unten: nool – Fotolia.com
S. 50 Lars Büchel – Fotolia.com

Warum Tests?

- Tests zeigen: Was kann ich schon gut – und wo muss ich noch üben?
- Tests motivieren zum Weiterlernen.
- Tests bereiten auf Prüfungen vor – in diesem Heft auf die Prüfungen Start Deutsch 2 und Deutsch-Test für Zuwanderer.

Was für Tests enthält dieses Heft?

Sie finden hier Lernfortschrittstests zu jedem einzelnen Kapitel von Berliner Platz 2 Neu.
Die Tests folgen dem handlungsorientierten Ansatz des Lehrwerks. Mit ihnen können Sie kontrollieren, ob Sie den Lernstoff beherrschen, wie er im Inhaltsverzeichnis und in den Lernzielangaben zu Beginn der einzelnen Kapitel beschrieben ist. Im Einzelnen gibt es deshalb in jedem Kapitel Tests zu den Fertigkeiten Hören, Lesen, Schreiben und Sprechen sowie Tests zu Wortschatz und Grammatik. Die meisten Testaufgaben entsprechen im Format den Prüfungsaufgaben aus Start Deutsch 2 und dem Deutsch-Test für Zuwanderer. So können Sie sich schrittweise vorbereiten. Viele Aufgaben sind in den beiden Prüfungen ähnlich. Unter www.langenscheidt.de/start-deutsch und unter www.langenscheidt.de/dtz finden Sie außerdem komplette Modellsätze für diese beiden Prüfungen.

Wie sind die Tests aufgebaut?

Jeder Test besteht aus acht verschiedenen Teilaufgaben.
Für jede dieser Aufgaben kann man zwischen drei und sechs Punkten bekommen.
Insgesamt hat jeder Test 40 Punkte.
Die Tests beginnen immer mit dem Hören und schließen mit dem Sprechen ab.
In jedem Test werden alle vier Fertigkeiten geprüft: Hören, Lesen, Schreiben und Sprechen.

Wie werden die Tests bewertet?

Die Bewertung orientiert sich an dem Bewertungssystem von Goethe-Institut und telc:
Mit 60 % der Punktzahl, also mit 24 Punkten, hat man bestanden.
Die Bewertung und Benotung im Detail:
40–37 Punkte = sehr gut (1)
36–33 Punkte = gut (2)
32–29 Punkte = befriedigend (3)
28–24 Punkte = ausreichend (4)
Unter 24 Punkten = nicht bestanden

Wie macht man die Tests?

Sie können die Tests im Kurs machen. Für den Testteil Sprechen können Sie die Karten kopieren und ausschneiden. Die Lehrkraft bewertet die Testteile Schreiben und Sprechen (Bewertungskriterien siehe Seite 64).
Oder Sie machen die Tests zuhause. Dann brauchen Sie aber jemanden, der die Testteile Schreiben und Sprechen bewertet, und für manche Testaufgaben beim Sprechen auch noch einen Partner / eine Partnerin.

13 Das steht dir gut!

1 Hören Sie.

P DTZ Sie hören vier Gespräche. Zu jedem Gespräch gibt es zwei Aufgaben.
Entscheiden Sie bei jedem Gespräch, ob die Aussage dazu richtig oder falsch ist und welche Antwort (a, b oder c) am besten passt.

Beispiel

⊙ 2 Die Frau spricht mit ihrem Chef. ○ richtig ● falsch

Warum kauft die Frau den Rock nicht?
[a] Er ist zu eng.
[b] Er ist zu lang.
[c] Er ist zu teuer.

○ a ○ b ● c

⊙ 3 1. Die Frau und der Mann sind in einem Laden. ○ richtig ○ falsch

2. Warum gefällt dem Mann die Hose?
[a] Sie ist praktisch.
[b] Sie ist schick.
[c] Sie kostet wenig.

○ a ○ b ○ c

⊙ 4 3. Die Mutter bezahlt die Schuhe nicht. ○ richtig ○ falsch

4. Das Kind möchte neue Turnschuhe
[a] für den Sportverein.
[b] für die Ferien.
[c] für die Schule.

○ a ○ b ○ c

⊙ 5 5. Der Mann und die Frau arbeiten zusammen. ○ richtig ○ falsch

6. Hosen trägt die Frau
[a] immer im Winter.
[b] nur bei der Arbeit.
[c] nur in der Freizeit.

○ a ○ b ○ c

⊙ 6 7. Anja und Milan gehen zusammen zur Schule. ○ richtig ○ falsch

8. Anja braucht
[a] eine Mütze.
[b] einen Schal.
[c] Handschuhe.

○ a ○ b ○ c

___/8

2 Hören Sie.

P DTZ
⊙ 7–10

Sie hören Aussagen zu einem Thema. Welcher der Sätze a–f passt zu den Aussagen 1–3?
Lesen Sie jetzt die Sätze a–f. Dazu haben Sie eine Minute Zeit.
Danach hören Sie die Aussagen.

Nr.	Beispiel	1	2	3
Lösung	f			

[a] Ich kann mir keine schicken Sachen kaufen.
[b] Bei der Arbeit kann ich tragen, was ich will.
[c] Ich gehe sehr gern einkaufen.
[d] Mode ist mir nicht wichtig.
[e] Ich finde es toll, immer die modernsten Sachen zu tragen.
___/3 [f] Für Feste ziehe ich mich besonders gut an.

3 Im Kaufhaus: Wo bekommen Sie was? Ordnen Sie zu!

0. ein Kostüm ___ [a] in der Sportabteilung
1. eine Gesichtscreme ___ [b] bei den Büroartikeln
2. ein Heft _0_ [c] bei der Damenmode
3. einen Fußball ___ [d] bei den Zeitschriften
4. einen Drucker ___ [e] in der Computerabteilung
5. ein Fernsehprogramm ___ [f] in der Kosmetikabteilung

___/5 0. _c_ 1. ___ 2. ___ 3. ___ 4. ___ 5. ___

4 Ergänzen Sie die passenden Adjektive im Komparativ oder im Superlativ.

0. Meine Tochter ist schon (groß) _größer_ als ich.
1. Diese Farbe hier steht dir am (gut) ___________.
2. In meiner Heimat ist es jetzt (kalt) ___________ als in Deutschland.
3. In München sind die Wohnungen (teuer) ___________ als in Berlin.
4. Ich habe (viel) ___________ Kleider als meine Schwester.
5. Ich ziehe öfters Anzüge an, aber Jeans trage ich am (gern) ___________.

___/5

5 Schreiben Sie die Sätze mit dem Personalpronomen im Dativ.

0. *ich* / die Hose / nicht / passen / . — Die Hose passt mir nicht.

1. steht / super / *du* / der Rock /. ______

2. Schinken / *er* / überhaupt nicht / schmecken / . ______

3. für das Geschenk / wir / *ihr* / danken / . ______

___/4 4. helfen / ich / gerne / *Sie* / . ______

6 Lesen Sie.

P SD2
P DTZ

Lesen Sie die Anzeigen und die Aufgaben 1–5. Welche Anzeige passt zu welcher Situation?
Für eine Aufgabe gibt es keine Lösung. Schreiben Sie hier den Buchstaben X.

Beispiel
0. Sie brauchen einen guten Anorak für Ihren vierjährigen Sohn. Sie haben aber nicht viel Geld.
Lösung h

1. Ein Freund von Ihnen heiratet übermorgen und hat noch keinen Anzug. Er ist zwei Meter groß.
2. Ihre Nachbarin ist schwanger. Sie möchten ihr etwas zum Anziehen für das Baby schenken.
3. Sie suchen für Ihre Nichte (acht Jahre alt) einen günstigen Winterrock.
4. Ihr 14-jähriger Sohn geht mit der Schule eine Woche zum Skifahren. Sie brauchen für ihn noch die passende Kleidung.
5. Eine Freundin sucht für den Urlaub im Süden ein Sommerkleid.

Situation	0	1	2	3	4	5
Anzeige	h					

___/5

a

Storchennest
Schönes für Mutter & Kind
neu und gebraucht
Kleidung für Schwangere,
Neugeborene und Kleinkinder
bis Größe 116

b

bella bimba
Exquisite Kindermode
Schönes für die Models von morgen!
Wir führen alle bekannten Marken!
Aktuell: warme Röcke schon ab 55 €!

c

Rademacher –
Ihr Spezialist für Herrenmode
Wir kleiden Sie ein – für jeden Anlass, von Freizeitvergnügen bis Fest. Standardgrößen immer vorrätig, Sondergrößen auf Bestellung.

d

BOUTIQUE ANNABELLE
Aktuell: Sommerschlussverkauf – wir brauchen Platz für die neue Herbstkollektion! Sommerartikel zu Sonderpreisen!

e

Spitzensport –
Ihr Geschäft für Sportkleidung
Bei uns bekommen Sie die passende Kleidung für folgende Sportarten: Laufen – Tennis – Ballsportarten – Golf – Reiten

f

Flohmarkt in der Bodensee-Grundschule
Datum: Am 2. Sonntag im Juni
Gebrauchte Kleidung für Jungen und Mädchen zu fairen Preisen!
Nur private Verkäufer.
Standgebühr 10 €.

g

Kaufhaus am Hauptbahnhof
Aktuell in unserer Herrenabteilung:
Schöne Kleidung für rauschende Feste!
Sonderpreise!
Große Auswahl in allen Größen!

h

Kindergarten am Stadtpark
am Samstag Kinderkleiderbörse für Kleidung für 3–5-Jährige
Kontakt: Hedda Gibbler,
Tel.: 0174 573846

7 Schreiben Sie.

P SD2

Ihre Freundin Magda Jabłońska hat gehört, dass man im Internet auf bestimmten Portalen Kleider kaufen und verkaufen kann. Sie möchte bei einer solchen Second-Hand-Börse eine Lederjacke verkaufen. Helfen Sie Magda und schreiben Sie die fünf fehlenden Informationen in das Formular der Kleiderbörse im Internet oder kreuzen Sie an.

Name:	Magda Jabłońska
geb. am:	17.11.1980
Geburtsort:	Wrocław
Adresse:	Teerosenweg 60, 22177 Hamburg
Telefonnummer:	040 7324356
E-Mail:	magda.jablonska@yuhu.pl
Nationalität:	Polin
Größe:	1,82

Hamburger Stadtbank

Magda Jabłońska

Konto-Nr.	Karten-Nr.
14465 39	21067089342

Magda Jabłońska kommt aus Polen und lebt seit drei Jahren in Hamburg.
Sie möchte im Internet eine schwarze Lederjacke verkaufen. Sie möchte 70 € für die Jacke haben. Der Käufer / die Käuferin soll das Geld auf ihr Konto überweisen.

Search | Mail | Home | Search | Bookmarks | Yellow Pages | WebMail | Find Sites | People | Download | Contact | Channels | RealPlayer H...

Der Online-Klamottenshop – gebrauchte Kleider günstig kaufen und verkaufen!

Anmeldeformular

Familienname	*Jabłońska*		0
Vorname	Magda		
Straße	______		1
Hausnummer	60		
PLZ / Ort	22177 Hamburg		
E-Mail:	magda.jablonska@yuhu.pl		
Telefon:	______		2
Geburtsdatum:	17.11.1980		
Geschlecht:	☐ männlich	☐ weiblich	3

☒ Ich möchte etwas verkaufen. ☐ Ich suche etwas.

Artikel: ______ 4

Preisvorstellung: 70 €

Bezahlung: ☐ per Nachnahme ☐ per Überweisung 5

Document: Done (3.386 secs)

___/5

P SD2

8 Sprechen Sie.

Nehmen Sie eine Karte. Fragen Sie Ihren Partner / Ihre Partnerin.
Sie bekommen auch eine Frage.
Antworten Sie.
Das machen Sie dreimal.
Bei der Karte mit dem Fragezeichen stellen Sie eine freie Frage.

Beispiel

Thema: Kleidung
Welches … ?

Thema: Kleidung	Thema: Kleidung
Was … ?	**Kaufst du / Kaufen Sie … ?**
Thema: Kleidung	Thema: Kleidung
Wann … ?	**Wo … ?**
Thema: Kleidung	Thema: Kleidung
Trägst du / Tragen Sie … ?	**Wie teuer … ?**
Thema: Kleidung	Thema: Kleidung
… ?	**… ?**

___/5

Prozent	10				20				30				40				50				60				70				80				90				100			
Punkte	1	2	3	4	5	6	7	8	9	10	11	12	13	14	15	16	17	18	19	20	21	22	23	24	25	26	27	28	29	30	31	32	33	34	35	36	37	38	39	40

___/40

14 Feste, Freunde, Familie

1 Hören Sie.

P SD2 Sie hören fünf Ansagen am Telefon. Zu jedem Text gibt es eine Aufgabe. Ergänzen Sie die Telefon-Notizen. Hören Sie jeden Text zweimal.

11 **Beispiel**

Tilo
Mit Thomas zur Party fahren
Telefon: *2798421*

12 **1**

Martin
Kuchenbacken
mitbringen: ______

13 **2**

Sabine
Hochzeitsgeschenk für Carmen
Kosten für Tina: ______

14 **3**

Schwester
Zugankunft in Leipzig
um: ______

15 **4**

Caroline
Geburtstagsfeier am Samstag
Neuer Ort: ______

16 **5**

Bernd
Osterfrühstück verschieben
Neue Zeit: ______

___/5

2 Was passt nicht? Streichen Sie durch.

0. Ostern • Weihnachten • ~~Herbst~~ • Sylvester

1. Kurs • Feier • Fest • Party
2. Hochzeit • Geburtstag • Neujahrsparty • Scheidung
3. Westen • Norden • Ostern • Süden
4. Geschenk • Blumen • Ring • Parfüm
5. Feuerwerk • Ostereier • Sekt • Glücksbringer

___/5

3 Setzen Sie das passende Verb ein.

schenken • empfehlen • ~~mitbringen~~ • schreiben • bedanken • gratulieren

0. Ich hole mir einen Tee. Soll ich dir einen *mitbringen*?

1. Ich brauche ein Wörterbuch. Können Sie mir eines ______?
2. Meine Brieffreundin wartet schon auf eine Nachricht. Ich muss ihr heute noch ______.
3. Oh, das ist aber ein sehr schönes Geschenk! Da möchte ich mich sehr herzlich ______!
4. Mein Bruder hat bald Geburtstag. Meinst du, ich kann ihm einen Schal ______?
5. Opa hat heute Geburtstag! Wir müssen ihn anrufen und ihm ______.

___/5

4 Ergänzen Sie die Possessivartikel in der richtigen Form.

0. Danke für (du) deine Einladung!

1. Ich komme mit (ich) __________ Mann.
2. Sind (ihr) __________ Nachbarn denn auch dabei?
3. Nein, die sind an dem Wochenende bei (sie) __________ Eltern.
4. Können wir (wir) __________ Sohn mitbringen?
5. Er möchte nicht mit (er) __________ Schwester allein zu Hause bleiben.

___/5

5 Ergänzen Sie das Modalverb im Präteritum in der richtigen Form.

0. Mein Großvater (können) konnte schon mit vier Jahren schwimmen.

1. (Dürfen) __________ du als Kind allein draußen spielen?
2. Hallo! Was macht ihr denn hier? (Wollen) __________ ihr denn nicht in Urlaub fahren?
3. Meine Kolleginnen (müssen) __________ gestern Überstunden machen.
4. Ich (können) __________ dich gestern leider nicht mehr anrufen, es war schon zu spät.
5. Meine Kinder (dürfen) __________ in den Ferien immer ganz lange schlafen.

___/5

6 Lesen Sie.

P SD2

Lesen Sie den Text und die Aufgaben 1–5. Sind die Aussagen richtig oder falsch? Kreuzen Sie an.

Beispiel

0. Harald Thume untersucht Beziehungen.	~~richtig~~ (X)	falsch
1. Nach der Hochzeit hat man einige Schwierigkeiten mehr.	richtig	falsch
2. Man soll Lösungen für die Probleme des Partners suchen.	richtig	falsch
3. Männer und Frauen streiten oft über unwichtige Dinge.	richtig	falsch
4. In einer guten Ehe müssen Mann und Frau gleich sein.	richtig	falsch
5. Am besten ist es, wenn man gemeinsam lustig sein kann.	richtig	falsch

___/5

Das Geheimnis glücklicher Ehen: Lachen, nicht streiten

„Mit jedem Ehepartner heiratet man ein paar neue Probleme. Wenn der andere Partner diese lösen möchte, geht das nicht gut", sagt der Wissenschaftler Harald Thume. Er nennt ein Beispiel: Viele Paare haben wegen solcher Kleinigkeiten wie offenen Zahnpastatuben Stress in der Beziehung.

„Männer und Frauen passen eigentlich nicht zusammen. Dies ist aber die Chance für jede Beziehung, wenn man akzeptiert, dass eine gute Ehe oder Partnerschaft nicht aus völliger Harmonie besteht. Widersprüche und Unterschiede sind völlig normal, ja sogar wichtig", so Thume. Viele Paare sind völlig unterschiedlich und führen dennoch ein glückliches Eheleben. Weil sie sich so nehmen, wie sie sind. Glücklich sind Beziehungen besonders, wenn die Partner sich gegenseitig zum Lachen bringen können. „Ich frage die Ehepaare immer: ‚Wann haben Sie zuletzt zusammen gelacht?'", meint der Wissenschaftler. Wenn das nicht lange her ist, dann ist die Ehe gut.

Gegenseitige Liebe und Respekt wachsen auch dann, wenn ein Paar über den Beruf oder über die Freizeit miteinander spricht.

7 Schreiben Sie.

P SD2

Sie haben von Ayşe eine Einladung zu ihrer Hochzeit bekommen. Sie haben Ayşe und ihre Familie im Urlaub in der Türkei kennengelernt. Sie schreibt, dass sie am 6. Mai in Mainz heiratet und fragt, ob Sie kommen können.
Antworten Sie. Hier finden Sie vier Punkte. Wählen Sie drei aus. Schreiben Sie zu jedem Punkt ein bis zwei Sätze.
Vergessen Sie nicht den passenden Anfang und den Gruß am Schluss.

Ayşes Familie

Geschenk

Reise nach Mainz

Übernachtung in Mainz

___/5

8 Sprechen Sie.

P DTZ

Gemeinsam etwas planen

Eine Freundin von Ihnen feiert bald ihren 30. Geburtstag.
Sie sollen zusammen mit Ihrer Partnerin / Ihrem Partner die Party organisieren.
Planen Sie gemeinsam, was Sie tun möchten. Hier sind einige Notizen:

Termin?

Einladung?

Wo ist die Feier?

Essen und Getränke?

Programm / Musik?

___/5

Prozent	10	20	30	40	50	60	70	80	90	100
Punkte	1 2 3 4	5 6 7 8	9 10 11 12	13 14 15 16	17 18 19 20	21 22 23 24	25 26 27 28	29 30 31 32	33 34 35 36	37 38 39 40

___/40

15 Miteinander leben

1 Hören Sie.

17–18 Hören Sie zweimal und kreuzen Sie an: richtig oder falsch?

0. Die Mutter vom Sprecher war seit 1972 berufstätig.	richtig	~~falsch~~ (X)
1. Der Sprecher hat als Kind in einer großen Stadt gewohnt.	richtig	falsch
2. In seiner Klasse waren viele ausländische Kinder.	richtig	falsch
3. Er hatte in der Grundschule wenige Freunde.	richtig	falsch
4. Er hat früh gelernt, dass man tolerant sein muss.	richtig	falsch
5. Er findet seine Kultur besser als die deutsche.	richtig	falsch

___/5

2 Was passt? Kreuzen Sie an.

0. Wenn man in einer anderen Kultur lebt, muss man sich an viele neue Dinge ☐ erinnern ☒ gewöhnen.
1. Manchmal kann man eine fremde Kultur nur schwer ☐ akzeptieren ☐ begründen.
2. Seit ich in Deutschland lebe, habe ich Sehnsucht nach ☐ dem Ausland ☐ meiner Heimat.
3. Wie soll ich dieses Problem lösen? Hast du einen ☐ Grund ☐ Rat für mich?
4. Viele Deutsche denken, Südländer sind unpünktlich. Ich finde, das ist ein ☐ Gegenteil ☒ Vorurteil.
5. Wenn jemand unhöflich zu Ihnen ist, können Sie sich ☐ beschweren ☐ vorbereiten.

___/5

3 Ergänzen Sie das richtige Adjektiv.

einfach • zufrieden • offen • ~~schwer~~ • stolz • traurig

0. Am Anfang war es hier ___schwer___ für mich.
1. Alles war fremd, aber ich wollte nicht dauernd fragen – ich war zu ____________.
2. Manchmal war ich ____________, weil ich meine Familie vermisst habe.
3. Aber heute geht es mir gut, ich bin ____________ hier.
4. Man kann hier ganz ____________ Freunde finden.
5. Die Menschen in meiner Stadt sind sehr ____________.

___/5

4 Weil-Sätze: Ordnen Sie zu.

0. Ich bin zufrieden,	___	a weil viele Deutsche immer noch Vorurteile gegenüber Ausländern haben.
1. Ich habe Sorgen,	___	b weil ich morgen ein Bewerbungsgespräch habe.
2. Ich bin stolz,	___	c weil ich gestern Nachtschicht hatte.
3. Ich bin enttäuscht,	___	d weil ich hier eine gute Stelle gefunden habe.
4. Ich bin müde,	_0_	e weil ich hier gute Freunde habe.
5. Ich bin nervös,	___	f weil meine Tochter Probleme in der Schule hat.

___/5 0. _c_ 1. ___ 2. ___ 3. ___ 4. ___ 5. ___

5 Ergänzen Sie die Wenn-Sätze.

0. Wenn die neue Wohnung fertig ist, mache ich eine Party.
1. Wenn ich gut Deutsch kann, ____________________
2. Wenn ich glücklich bin, ____________________
3. Wenn ich ein Problem habe, ____________________
4. Wenn der Sprachkurs vorbei ist, ____________________

___/5 5. Wenn ich viel Zeit habe, ____________________

6 Lesen Sie.

P SD2 Lesen Sie den Text und die Aufgaben 1–5. Sind die Aussagen richtig oder falsch? Kreuzen Sie an.

Beispiel

0. Das Fußballturnier ist nur für Mannschaften aus dem Stadtteil.	richtig	~~falsch~~
1. Zu dem Turnier muss man sich einen Tag vorher anmelden.	richtig	falsch
2. Die Läden sind an diesem Samstag länger offen.	richtig	falsch
3. Man kann Essen aus verschiedenen deutschen Bundesländern probieren.	richtig	falsch
4. Für Kinder gibt es ein besonderes Programm.	richtig	falsch
___/5 5. Am Samstag kann man in der Müllerstraße nicht parken.	richtig	falsch

Sommerfest in der Weststadt

Am Samstag, 7. Juni, findet wieder das beliebte Sommerfest in der Weststadt statt. Höhepunkt ist wie jedes Jahr das offene Fußballturnier für Kinder und Jugendliche. Mannschaften aus der ganzen Stadt mit Spielerinnen und Spielern zwischen 6 und 17 Jahren können teilnehmen. Eine Anmeldung ist nicht nötig. Das Turnier beginnt um 14 Uhr und endet um 18 Uhr mit der Siegerehrung.

Aber auch sonst ist an dem Samstag viel los in der Weststadt: Fast alle Geschäfte sind bis 20 Uhr geöffnet. Sie können dort einkaufen, und es warten auch einige Überraschungen auf Sie.

Natürlich muss auch niemand Hunger oder Durst haben: Es gibt typische Gerichte aus unserer Heimatregion, aber man kann auch internationale Spezialitäten probieren, zum Beispiel aus Indien, aus Mexiko oder aus der Türkei.

Für die Kinder gibt es viele attraktive Spiele, ein Theaterstück und Musik.

Abschließend noch eine wichtige Information für die Anwohner der Müllerstraße: In der Müllerstraße ist an diesem Tag von morgens 9 Uhr bis abends 22 Uhr Parkverbot!

7 Schreiben Sie.

P SD2 Sie leben seit ein paar Monaten im Ausland. Schreiben Sie einen Brief an eine Freundin / einen Freund in Ihrer Heimat.
Hier finden Sie vier Punkte. Wählen Sie drei aus. Schreiben Sie zu jedem Punkt ein bis zwei Sätze.
Vergessen Sie nicht den passenden Anfang und den Gruß am Schluss.

Wohnung **Freizeit** **Arbeit** **Freunde**

___/5

P DTZ

8 Sprechen Sie.

Über Erfahrungen sprechen

A. Sie und Ihre Partnerin / Ihr Partner bekommen ein Foto. Berichten Sie kurz:

- Was sehen Sie auf Ihrem Foto?
- Was für eine Situation zeigt Ihr Bild?

B. Berichten Sie der Prüferin / dem Prüfer über Ihre Erfahrungen. Zum Beispiel:

- Welches Fest ist typisch für Ihre Kultur?
- Gibt es ein besonderes Fest in Ihrer Heimatstadt?
- Gehen Sie gerne auf Straßenfeste? Warum? / Warum nicht?

___/5

Prozent	10	20	30	40	50	60	70	80	90	100
Punkte	1 2 3 4	5 6 7 8	9 10 11 12	13 14 15 16	17 18 19 20	21 22 23 24	25 26 27 28	29 30 31 32	33 34 35 36	37 38 39 40

___/40

16 Schule und danach

1 Hören Sie.

P SD2
19–20

Sie hören ein Gespräch. Zu diesem Gespräch gibt es fünf Aufgaben. Ordnen Sie zu und notieren Sie den Buchstaben. Hören Sie den Text zweimal.

Wo findet man diese Personen?

0. **Beispiel** Direktorin **Lösung** a: Im Erdgeschoss.

	0	1	2	3	4	5
Person	Direktorin	Zivildienst-leistender	Sekretärin	Hausmeister	Dozentin	Köchin
Lösung	a					

[a] Im Erdgeschoss.
[b] Neben der Teeküche.
[c] Im Lehrerzimmer.
[d] Im Computerraum.
[e] Neben dem Eingang.
[f] Im Büro.
[g] In der Cafeteria.
[h] Im Kopierraum.
[i] Im Keller.

___/5

2 Was passt zusammen? Ordnen Sie zu.

0. ein Studium ___ [a] gründen
1. einen Beitrag ___ [b] verbessern
2. das Abitur _0_ [c] aufnehmen
3. seine Chancen ___ [d] aussuchen
4. eine Firma ___ [e] nachholen
5. einen Beruf ___ [f] berechnen

___/5 0. _c_ 1. ___ 2. ___ 3. ___ 4. ___ 5. ___

3 Ergänzen Sie das Verb in der richtigen Perfektform.

0. Ich bin 10 Jahre zur Schule *gegangen*.
1. Zuerst habe ich eine Ausbildung gemacht und danach mein Abitur (nachholen) ______.
2. Dann habe ich ein Studium in Berlin (anfangen) ______.
3. Ich habe dort vier Jahre (studieren) ______.
4. Nach meinem Abschluss habe ich sehr viele Bewerbungen (schreiben) ______.
5. Weil ich keine Stelle bekommen habe, habe ich eine eigene Firma (gründen) ______.

___/5

4 Schreiben Sie die Nebensätze mit *dass*. Der dass-Satz beginnt immer nach dem Komma.

0. finde / ich / , / sind / drei Jahre Studium / dass / zu wenig / . — *Ich finde, dass drei Jahre Studium zu wenig sind.*
1. sie / meint / , / in Deutschland / nicht leicht / ist / die Schule / dass / . ______
2. hoffe / ich / , / dass / einen Studienplatz / bekomme / ich / . ______
3. ist / wichtig / es / , / immer / kann / weiterlernen / dass / man / . ______
4. mein Freund / sagt / , / will / machen / dass / ein Praktikum / er / . ______
5. glaubt / er / , / er / dass / dann / hat / bessere Chancen / . ______

___/5

5 Lesen Sie.

P DTZ

Lesen Sie die Anzeigen a–h und die Aufgaben 1–5. Welche Anzeige passt zu welcher Situation? Für eine Aufgabe gibt es keine Lösung. Schreiben Sie hier den Buchstaben X.

Beispiel

0. Ihre Tochter (16 Jahre alt) interessiert sich für Mode und auch für Fotografie. Sie möchte in den Herbstferien Anfang Oktober einen Kurs machen.
   Lösung f

1. Sie möchten eine Sprachreise in ein englischsprachiges Land machen und suchen Informationen.
2. Eine Freundin möchte nach der Elternzeit wieder arbeiten. Sie will sich aber zuerst ganz allgemein informieren und mit anderen über ihre Situation sprechen.
3. Sie suchen eine feste Stelle, ganztags. Sie haben keine Ausbildung, verstehen aber viel von Technik.
4. Ein Freund möchte einen Monat lang ein Praktikum machen. Später möchte er gern Schauspieler werden.
5. Sie suchen einen Nebenjob. Sie haben nur abends Zeit.

Situation	0	1	2	3	4	5
Anzeige	*f*					

___/5

a

Teledrei, Ihr freundlicher Telefonanbieter, sucht MitarbeiterInnen für verschiedene Aufgabenbereiche. Alle Positionen in Festanstellung. Vollzeit und ab sofort.
Faires Gehalt, gute Karrieremöglichkeiten. Keine Ausbildung nötig, wir erwarten aber, dass Sie gut mit Telefontechnik umgehen können. Keine Zeitarbeit, kein Call-Center!
Mündliche Bewerbungen unter 876-4329, Frau Huber.

b

Filmemachen für Teenager
Erste Schritte in die Welt der Filme. Auf Englisch! In fünf Tagen entwerft ihr selbst ein Drehbuch und dreht einen kurzen Film. Ihr arbeitet dabei mit Profis aus dem Filmgeschäft. Ihr lernt, was wichtig ist bei der Regie, beim Schauspielern, beim Ton, …
Ihr braucht: Englischkenntnisse auf dem Niveau B1 (10. Klasse). Bitte bei der Anmeldung die E-Mail-Adresse angeben.
Mehr Infos unter www.jugendliche-machen-filme.de

c

Sprachen-Expo

Messegelände, Halle C
Freitag 18:00 – Sonntag 16:00

- Sprachschulen stellen sich vor
- Probestunden in Englisch, Arabisch und Chinesisch
- Fachprogramm für Dozentinnen und Dozenten
- Informationen über Studienmöglichkeiten im Ausland
- Anbieter von Ferienkursen im Ausland stellen ihre Angebote vor

d

Statistinnen und Statisten für Filmproduktion gesucht

Die Filmstudios Oberbergheim suchen für Massenszenen in verschiedenen Filmproduktionen Frauen, Männer und Jugendliche ab 15 Jahren.
Sie bekommen ein kleines Honorar – und einen großen Einblick in die wunderbare Welt des Films!

Offenes Casting am 15.6., Filmstudios Oberbergheim

e

Sie können telefonieren?
Dann suchen wir Sie!
Als Mitarbeiter (m/w) bei der telefonischen Terminvereinbarung für unseren Außendienst.
Keine Beratung, kein Verkauf!
Arbeitszeit:
montags bis donnerstags, 18–20 Uhr
Kontakt und weiter Informationen:
☎ 2498756, Herr Himsel

f

Photoshooting und Beauty-Bildbearbeitung für Jugendliche zwischen 14 und 20

Ist es dein Traum, wie ein Profi Models zu fotografieren? Oder möchtest du selbst vor der Kamera stehen? Hier kannst du dir das aussuchen. In dem Kurs erlernst du das Fotografieren von Mode in einer Studiosituation. Anschließend bearbeiten wir zusammen die Bilder am Computer und korrigieren die kleinen Schönheitsfehler unserer Models mit Photoshop. Bitte einen USB-Stick mitbringen!

Zeit: 4.–8.10., Ort: Jugendzentrum Goethestraße,
Kosten: 20 €

g

Hilfen für den Wiedereinstieg in den Beruf

Sie haben die Elternzeit hinter sich und möchten wieder arbeiten, wissen aber noch nicht genau, wo, was, wann und wie? In diesem Kurs können Sie sich mit anderen Eltern austauschen. Außerdem bekommen Sie Informationen zur aktuellen Situation auf dem Arbeitsmarkt, Hilfen bei Bewerbungen und Tipps, wie man Beruf und Familie optimal vereinbaren kann.
Familienzentrum Mitte,
Mo, 20.9. – Sa, 24.9.
Unkostenbeitrag 30 €

h

Bildungsurlaub: Englisch in den Herbstferien Rhetorikkurs
In einer freundlichen, entspannten und kreativen Atmosphäre lernen Sie, auf Englisch frei zu sprechen. Wir beginnen mit kleinen Alltagsunterhaltungen, dann folgen Präsentationen. Auch berufliche Aspekte sind Thema dieses Kurses.
Ort: Städtische Volkshochschule am Nordpark
Zeit: vom 4.–8.10., täglich 10–17 Uhr
Kosten: 144 €, ermäßigt 76 €

6 Schreiben Sie.

P SD2

Ihr Freund Angelo di Sannio möchte an der Volkshochschule einen Computerkurs für Anfänger machen. Er hat noch keine Vorkenntnisse.

Helfen Sie Angelo und schreiben Sie die fünf fehlenden Informationen in das Formular der Volkshochschule oder kreuzen Sie an.

Beispiel

0. Familienname *di Sannio*

Name:	di Sannio
Vorname:	Angelo
Adresse:	Vorbergstraße 11, 10827 Berlin
Telefonnummer:	030 7876543
E-Mail:	–
Nationalität:	deutsch

Stadtbank
EC-Karte

Angelo di Sannio

NR: 756 894 30 BLZ: 130 87 654

Angelo kommt aus Italien und lebt seit 27 Jahren in Berlin. Er ist 52 Jahre alt und spricht sehr gut Deutsch, hat aber überhaupt keine Computerkenntnisse. Deshalb möchte er einen Computerkurs für Menschen über 50 Jahre machen. Der Kurs heißt: Computer für Anfänger 50 +. Bezahlen möchte er den Kurs per Bankeinzug. Er macht zum ersten Mal einen Kurs an der Volkshochschule. Er ist arbeitslos und bekommt deshalb eine Ermäßigung.

Kursanmeldung

Familienname:	di Sannio	(0)
Vorname:	Angelo	
Straße/Hausnummer:	☐	(1)
PLZ, Ort:	10827 Berlin	
Telefon:	030 7876543	
E-Mail:	—	(2)
Ich habe früher schon einmal einen Kurs belegt.	☐ ja ☒ nein	(3)
Zu folgendem Kurs melde ich mich verbindlich an:		
Computer für Anfänger 50 +		
Altersklasse:	☐ unter 20 ☐ 21–35 ☐ 36–49 ☒ 50–65 ☐ über 65	(4)
Ermäßigung:	☒ ja ☐ nein	
Bezahlung:	☐ bar ☒ mit Bankeinzug	(5)
Bank:	Stadtbank	
Konto-Nr.:	756 894 30	
BLZ:	130 87 654	
Unterschrift	*Angelo di Sannio*	

___/5

7 Schreiben Sie.

P DTZ

Für Ihren Beruf brauchen Sie unbedingt Spanischkenntnisse. Schreiben Sie eine E-Mail an eine Sprachschule und bitten Sie um Informationen.
Schreiben Sie etwas über folgende Punkte. Vergessen Sie nicht die Anrede und den Gruß.
Zeigen Sie, was Sie können. Schreiben Sie möglichst viel.

Grund für Ihr Schreiben

Kosten

Kurszeiten

Beratung

___/5

8 Sprechen Sie.

P SD2
P DTZ

Stellen Sie sich bitte vor.
Wählen Sie fünf Punkte aus. Sprechen Sie über diese Punkte.

Name

Alter

Land

Wohnort

Schule

Beruf

Sprachen

Familie

Freunde

Freizeit

___/5

Prozent	10	20	30	40	50	60	70	80	90	100
Punkte	1 2 3 4	5 6 7 8	9 10 11 12	13 14 15 16	17 18 19 20	21 22 23 24	25 26 27 28	29 30 31 32	33 34 35 36	37 38 39 40

___/40

17 Die neue Wohnung

1 Hören Sie.

P DTZ Sie hören vier Ansagen. Zu jeder Ansage gibt es eine Aufgabe. Welche Lösung (a, b oder c) passt am besten? Kreuzen Sie an.

⊙ 21 **Beispiel**

0. Was soll Frau Milanova tun?
   - [a] Den Mietvertrag unterschreiben.
   - [b] Den Vermieter anrufen.
   - [c] Die Wohnungsschlüssel abholen.

   ○ a ● b ○ c

⊙ 22 1. Wohin soll Herr Frey kommen?
   - [a] Zu der neuen Wohnung.
   - [b] Zu seiner Arbeitstelle.
   - [c] Zum Immobilienbüro.

   ○ a ○ b ○ c

⊙ 23 2. Was soll Frau Klotzner machen?
   - [a] Die Autovermietung anrufen.
   - [b] Zur Autovermietung gehen.
   - [c] Das Auto abholen.

   ○ a ○ b ○ c

⊙ 24 3. Was soll Frau Kern machen?
   - [a] Das Fenster reparieren.
   - [b] Den Vermieter anrufen.
   - [c] Einen Termin mit dem Handwerker vereinbaren.

   ○ a ○ b ○ c

⊙ 25 4. Was soll Herr Wurbs tun?
   - [a] Die Küche streichen.
   - [b] Die Wohnung putzen.
   - [c] Den Schlüssel abgeben.

   ○ a ○ b ○ c

___/4

2 Ordnen Sie zu.

~~Löffel~~ • Waschmaschine • Sofa • Gabel • Toaster • Sessel • Herd • Teller • Kühlschrank • Schrank • Glas • Mikrowelle • Stuhl

Möbel	technische Geräte	Besteck und Geschirr
		Löffel

___/6

3 Präpositionen: Was ist richtig? Kreuzen Sie an.

Herzlich willkommen in meiner neuen Wohnung! Komm, ich zeige sie dir!

0. Also, hier im Flur habe ich diesen Teppich auf ☒ den ☐ dem Boden gelegt.
1. Schau, hier über ☐ dem ☐ den Fernseher hängt mein Lieblingsbild.
2. An ☐ der ☐ die Wand im Schlafzimmer möchte ich auch noch ein Bild hängen.
3. Neben ☐ das ☐ dem Bett brauche ich noch eine Lampe.
4. Den Schrank will ich neben ☐ der ☐ die Kommode stellen.
5. Wohin hast du eigentlich deinen Schrank gestellt? Neben ☐ das ☐ dem Fenster, oder?
6. Komm, jetzt setzen wir uns auf ☐ das ☐ den Sofa und trinken Tee!

___/6

4 Schreiben Sie die Wünsche und Fragen mit der *würde*-Form oder mit *hätte*.

0. lieber in der Stadt wohnen (ich). *Ich würde lieber in der Stadt wohnen.*

1. gern eine neue Wohnung haben (du)? ______
2. gern weniger Miete zahlen (wir). ______
3. gern mehr Platz haben (er). ______
4. gern neue Möbel kaufen (ihr)? ______

___/5 5. gern im Ausland leben (sie – Plural). ______

5 Lesen Sie.

Lesen Sie den Text. Entscheiden Sie, ob die Aussagen 1–3 richtig oder falsch sind.

Wohnungs-Mietvertrag

Die Vermieterin Margot Zedernick

und der Mieter Olaf Hansen

schließen folgenden Mietvertrag:

§ 1 Mieträume
Im Haus Gabelsburgerstraße 2 werden folgende Räume vermietet: 2 Zimmer, 1 Küche, 1 Bad/Dusche/WC.
Der Mieter ist berechtigt, die Waschküche zu benutzen.
Der Mieter bekommt für die Mietzeit 2 Haus- und 2 Wohnungsschlüssel.
Die Wohnfläche beträgt 50 qm.

§ 2 Mietzeit
Das Mietverhältnis beginnt am 1.1.2012. Es läuft auf unbestimmte Zeit.

§ 3 Miete
Die Miete beträgt monatlich 520 €. Vermieterin und Mieter vereinbaren, dass die Miete für den Zeitraum von 2 Jahren nicht erhöht wird.
Mieterhöhungen und alle anderen Erklärungen, die Vertragsänderungen betreffen, muss die Vermieterin schriftlich abgeben.
Zusätzlich zur Miete bezahlt der Mieter für Heizung und Warmwasser eine Vorauszahlung in Höhe von 45 € monatlich. Die Vorauszahlungen werden jährlich abgerechnet.

§ 4 Mängel und Schäden in der Wohnung
Muss in der Wohnung etwas repariert werden oder funktioniert etwas nicht, so muss der Mieter dies der Vermieterin sofort mitteilen.
Wenn die Wohnung einen großen Mangel hat, kann der Mieter die Miete kürzen, bis der Mangel beseitigt ist.

§ 5 Nutzung der Mieträume, Untervermietung
Der Mieter kann jederzeit seinen Ehegatten, Lebenspartner oder Familienangehörigen in die Wohnung aufnehmen. Bei Auszug des Mieters haben die oben genannten Personen das Recht, den Vertrag allein für sich fortzuführen.

§ 6 Kündigung
Der Mieter kann den Mietvertrag jederzeit mit einer Frist von 3 Monaten kündigen.
Die Kündigungsfrist verlängert sich für den Vermieter nach Ablauf von 5 Jahren auf 6 Monate und nach Ablauf von 8 Jahren auf 9 Monate.

1. Die Vermieterin darf die Miete in den nächsten beiden Jahren nicht teurer machen. ◯ richtig ◯ falsch
2. Die Warmmiete ist 520 € im Monat. ◯ richtig ◯ falsch
3. Wenn es ein Problem in der Wohnung gibt, kann der Mieter weniger Miete zahlen. ◯ richtig ◯ falsch

___/3

6 Lesen Sie.

P DTZ

Lesen Sie den Text und schließen Sie die Lücken 1–6. Welche Lösung (a, b oder c) passt am besten? Kreuzen Sie an.

Suli Gaynullin
Dietrich-Bonhoeffer-Straße 5
34132 Kassel

Walter Schönberger
Lindenstraße 35
34123 Kassel

4.1.2012

Probleme mit __0__ Heizung – Mietkürzung

Sehr geehrter Herr Schönberger,

hiermit teile ich __1__ mit, dass ich ab sofort meine Miete um 50 € pro Monat kürze. Ich __2__ Ihnen schon vor einem Monat einen Brief zu dem Problem mit der Heizung __3__, aber es ist nichts passiert. Wir frieren in der Wohnung, __4__ es jetzt Winter ist und es draußen dauernd sehr kalt ist. Meine Kinder sind sogar schon krank __5__. Sie __6__ die Heizung unbedingt sofort in Ordnung bringen!

Mit freundlichen Grüßen

Suli Gaynullin

Beispiel

0. [a] dem [b] der [c] die — ◯ a ● b ◯ c

1. [a] euch [b] Ihnen [c] Sie — ◯ a ◯ b ◯ c
2. [a] habe [b] hätte [c] hatte — ◯ a ◯ b ◯ c
3. [a] bekommen [b] erzählt [c] geschrieben — ◯ a ◯ b ◯ c
4. [a] dass [b] weil [c] wenn — ◯ a ◯ b ◯ c
5. [a] gegangen [b] gehabt [c] geworden — ◯ a ◯ b ◯ c
6. [a] können [b] müssen [c] wollen — ◯ a ◯ b ◯ c

___/6

7 Schreiben Sie.

P DTZ

Sie suchen eine neue Wohnung und haben im Internet ein interessantes Angebot gefunden. Schreiben Sie an die Vermieterin, Frau Raab.
Schreiben Sie etwas über folgende Punkte. Vergessen Sie nicht die Anrede und den Gruß.
Zeigen Sie, was Sie können. Schreiben Sie möglichst viel.

Grund für Ihr Schreiben

Ihre Familie

Ihre Arbeit

Wohnung ansehen: Termin?

___/5

8 Sprechen Sie.

P SD2

Nehmen Sie eine Karte. Fragen Sie Ihren Partner / Ihre Partnerin. Sie bekommen auch eine Frage. Antworten Sie. Das machen Sie dreimal. Bei der Karte mit dem Fragezeichen stellen Sie eine freie Frage.

Beispiel

Thema: Wohnung
Wie lange ... ?

Thema: Wohnung	Thema: Wohnung
Wo ... ?	**Wer ... ?**
Thema: Wohnung	Thema: Wohnung
Wann ... ?	**Suchen Sie ... ?**
Thema: Wohnung	Thema: Wohnung
Wohnen Sie ... ?	**Mit wem ... ?**
Thema: Wohnung	Thema: Wohnung
... ?	**... ?**

___/5

Prozent	10				20				30				40				50				60				70				80				90				100			
Punkte	1	2	3	4	5	6	7	8	9	10	11	12	13	14	15	16	17	18	19	20	21	22	23	24	25	26	27	28	29	30	31	32	33	34	35	36	37	38	39	40

___/40

18 Mobil in der Stadt

1 Hören Sie.

P DTZ

Sie hören Aussagen zu einem Thema. Welcher der Sätze a–f passt zu den Aussagen 1–3?
Lesen Sie jetzt die Sätze a–f. Dazu haben Sie eine Minute Zeit. Danach hören Sie die Aussagen.

26–29

Nr.	Beispiel	1	2	3
Lösung	b			

a Im Urlaub will ich unabhängig sein.

b Das Auto benutze ich im Urlaub nie.

c In den Urlaub fliegen schadet dem Klima.

d Radtouren finde ich ideal, da fühle ich mich frei.

e Urlaub ganz weit weg finde ich am besten.

___/3 f Obwohl ich manchmal schlechte Erfahrungen gemacht habe, reise ich am liebsten mit der Bahn.

2 Setzen Sie das passende Wort ein.

~~bremsen~~ • Batterie • Reifen • wechseln • Werkstatt • prüfen • Motor

0. Letzte Woche hatte ich ein Problem mit meinem Wagen. Immer wenn ich bremsen wollte, hat er so ein komisches Geräusch gemacht.

1. Natürlich bin ich sofort in die ______________ gefahren.
2. Dem Mechaniker habe ich gesagt, dass er die Bremsen ______________ muss und alles kontrollieren soll.
3. Dann habe ich den Wagen abgeholt. Der Mechaniker hat gemeint, dass die ________ zu schwach war.
4. Und für den Winter brauche ich unbedingt neue ________, die alten sind nicht mehr sicher.
5. Die lasse ich nächste Woche ________.
6. Wenigstens war der ________ noch in Ordnung!

___/6

3 *Deshalb:* Verbinden Sie die Sätze.

0. Ich fahre viel mit der U-Bahn,	___	a	deshalb trage ich immer einen Helm.
1. Fahrradfahren ist in der Stadt gefährlich,	___	b	deshalb fahre ich nur im Sommer mit dem Motorrad.
2. Wir wohnen auf dem Land,	___	c	deshalb fahre ich mit dem Auto zum Supermarkt.
3. Ich kaufe am Samstag immer für die ganze Woche ein,	0	d	deshalb habe ich eine Monatskarte.
4. In der Stadt gibt es dauernd Staus,	___	e	deshalb haben wir alle ein Auto.
5. Im Winter ist es mir zu kalt,	___	f	deshalb nehme ich lieber die Straßenbahn als das Auto.

___/5 0. d 1. ___ 2. ___ 3. ___ 4. ___ 5. ___

4 Passiv und *lassen*: Formulieren Sie um.

0. Die Lichter werden kontrolliert. — Frau Kilian lässt die Lichter kontrollieren.
   Frau Kilian lässt die Reifen wechseln. — Die Reifen werden gewechselt.
1. Der Sitzplatz wird reserviert. — Frau Fischer ______.
2. Die Lehrerin lässt morgen einen Test schreiben. — Der Test ______.
3. Die Möbel werden gebracht. — Wir lassen ______.
4. Sie lässt ihre Wohnung putzen. — Die Wohnung ______.
5. Ich lasse meine Kamera reparieren. — Meine Kamera ______.
6. Die neuen Computerprogramme werden installiert. — Herr Fleming lässt ______.

___/6

5 Lesen Sie.

P SD2

Lesen Sie den Text und die Aufgaben 1–5. Sind die Aussagen richtig oder falsch? Kreuzen Sie an.

Beispiel

0. Freunde haben Felix Bernhard gesagt, er soll die Reise machen. — richtig / ~~falsch~~ [X]

1. Felix Bernhard hat die Reise allein gemacht. — richtig / falsch
2. Felix Bernhard hat sein Ziel erreicht. — richtig / falsch
3. Felix Bernhard konnte schon als Kind nicht laufen. — richtig / falsch
4. Felix Bernhard hat über seine Reise einen Film gedreht. — richtig / falsch
5. Seit der Reise sieht Felix Bernhard das Leben viel positiver. — richtig / falsch

Wo ein Wille ist, ist auch ein Weg: Mit dem Rollstuhl durch Spanien

Der Jakobsweg in Spanien ist schon für Wanderer mit guter Kondition eine große Herausforderung. Aber für jemanden im Rollstuhl – ist das nicht einfach unmöglich? „Das schaffst du nie!“, haben die Freunde von Felix Bernhard gesagt. 1 200 Kilometer im Rollstuhl, ohne Begleitung, ohne Gruppe, ohne Hilfe? „Wieso nicht?“, hat Felix Bernhard geantwortet – und machte sich auf den Weg. Und er hat es wirklich geschafft, obwohl er seit seinem 20. Lebensjahr im Rollstuhl sitzt. Kurz nach dem Abitur hatte er einen schweren Unfall und ist seitdem behindert. Der Schock nach dem Unfall war groß, aber dann hat er gelernt, mit der Behinderung zu leben. Er hat in den USA studiert, dort neue Sportarten ausprobiert. Seit dieser Zeit akzeptiert er Sätze wie „Das geht nicht.“ nicht mehr. Über seine Reise auf dem Jakobsweg hat er ein Buch geschrieben, weil der Weg ihn als Menschen verändert hat. Er sieht im Leben jetzt weniger die Probleme und mehr die Möglichkeiten. Und er weiß, dass alles möglich ist, wenn man ein Ziel hat und den festen Willen, dieses Ziel auch zu erreichen.

___/5

6 Schreiben Sie.

P SD2

Ihre Freundin Tatjana ist neu in Leipzig und braucht ein Jahresabonnement für den Verkehrsverbund Leipzig. Helfen Sie Tatjana und schreiben Sie die fünf fehlenden Informationen in das Formular der Verkehrsbetriebe oder kreuzen Sie an.

Beispiel

0. ☐ Herr ☒ Frau ☐ Firma

Tatjana Filipova

Bahnhofstraße 36
D-04158 Leipzig
Tel: 0341 456892
E-Mail: tatjana@freespace.net

Name:	Tatjana Filipova
Geburtsdatum:	14.5.1978
Geburtsort:	Kiew
Adresse:	Bahnhofstr. 36, 04158 Leipzig
Beruf:	Auszubildende
Bankverbindung:	Stadtsparkasse Leipzig, BLZ 860 555 92
Konto-Nr:	435 64 58

Tatjana Filipova lebt seit zwei Wochen in Leipzig.
Sie macht eine Ausbildung zur Bankkauffrau.
Sie braucht ein Azubiticket für den Verkehrsverbund Leipzig.
Sie muss jeden Morgen um acht Uhr zur Arbeit fahren.
Sie braucht ein Ticket für die Zone 110.
Sie wohnt allein in einer Einzimmerwohnung.

Verkehrsverbund Leipzig
Abo Antrag

Persönliche Daten

☐ Herr ☒ Frau ☐ Firma (0)

Name Filipova

Vorname ________ (1)

PLZ 04158 Ort ________ (2)

Straße, Nr. Bahnhofstraße 36

Telefon 0341 456892

E-Mail tatjana@freespace.net

Gewünschtes Abo ☐ Standard ☐ 9 Uhr ☐ 10 Uhr
☐ Azubi (3)

Zone ________ (4)

Gewünschter Beginn des Abo-Vertrags 1.10.2011

Bankverbindung und Einzugsermächtigung

Bank ________ (5)

BLZ 860 555 92

Konto-Nr. 435 64 58

Datum 25.9.2011 Unterschrift *Tatjana Filipova*

___/5

7 Sprechen Sie.

P DTZ

Über Erfahrungen sprechen

A. Sie und Ihre Partnerin / Ihr Partner bekommen ein Foto. Berichten Sie kurz:

- Was sehen Sie auf Ihrem Foto?
- Was für eine Situation zeigt Ihr Bild?

B. Berichten Sie der Prüferin / dem Prüfer über Ihre Erfahrungen. Zum Beispiel:

- Welche Verkehrsmittel gibt es in Ihrer Stadt?
- Haben Sie einen Führerschein? Warum? / Warum nicht?
- Welches Verkehrsmittel benutzen Sie am liebsten? Warum?

___/5

8 Sprechen Sie.

P DTZ

Sie möchten zusammen mit ein paar Bekannten einen Ausflug machen. Sie sollen zusammen mit Ihrer Partnerin / Ihrem Partner den Ausflug organisieren.
Planen Sie gemeinsam, was Sie tun möchten.
Hier sind einige Notizen:

Wohin?

Termin?

Verkehrsmittel?

Essen / Getränke?

Wer macht was?

... ?

___/5

Prozent	10	20	30	40	50	60	70	80	90	100
Punkte	1 2 3 4	5 6 7 8	9 10 11 12	13 14 15 16	17 18 19 20	21 22 23 24	25 26 27 28	29 30 31 32	33 34 35 36	37 38 39 40

___/40

19 Das finde ich schön

1 Hören Sie.

P DTZ Sie hören vier Gespräche. Zu jedem Gespräch gibt es zwei Aufgaben.
Entscheiden Sie bei jedem Gespräch, ob die Aussage dazu richtig oder falsch ist und welche Antwort (a, b oder c) am besten passt.

30 **Beispiel**

Klaus arbeitet in einer Autowerkstatt. — ○ richtig ● falsch

Was soll Klaus am Wochenende tun?
[a] Antonias Onkel besuchen.
[b] Antonia mit dem Auto abholen.
[c] Antonia mit dem Auto helfen.

○ a ○ b ● c

31 1. Hanna und Martin wohnen zusammen. — ○ richtig ○ falsch

2. Was fehlt noch in der neuen Wohnung?
[a] Ein Stuhl für das Arbeitszimmer.
[b] Ein Tisch für die Küche.
[c] Ein Vorhang für das Wohnzimmer.

○ a ○ b ○ c

32 3. Ludger und Renate studieren zusammen. — ○ richtig ○ falsch

4. Ludger braucht den Anzug
[a] für ein Bewerbungsgespräch.
[b] für ein Familienfest.
[c] für eine Prüfung.

○ a ○ b ○ c

33 5. Tina und Barbara sind Nachbarinnen. — ○ richtig ○ falsch

6. Worum bittet Barbara Tina?
[a] Sie soll auf Barbaras Sohn aufpassen.
[b] Sie soll Barbara ein Bügeleisen leihen.
[c] Sie soll mit Barbara zum Friseur gehen.

○ a ○ b ○ c

34 7. Herr Klein ist der Vermieter von Frau Taube. — ○ richtig ○ falsch

8. Was soll Herr Klein machen?
[a] Die Küche streichen.
[b] Ein Abendessen kochen.
[c] Eine Lampe aufhängen.

○ a ○ b ○ c

___/8

2 Ergänzen Sie die passende Adjektivendung.

0. An Weihnachten kochen wir immer ein festlich_es_ Essen.
1. Ich ziehe meinen lang_____ Rock an.
2. Dazu trage ich eine weiß_____ Bluse.
3. Meine Brüder tragen ihre schick____ Anzüge.
4. An Sylvester macht meine Freundin jedes Jahr eine toll_____ Party.

___/5 5. Dann ziehe ich meine hoh_____ Schuhe an und tanze die ganze Nacht!

3 Präpositionen mit Akkusativ: Ergänzen Sie die passende Adjektivendung.

0. Ich gebe sehr wenig Geld für mein_e_ Kleidung aus.
1. Ohne meinen warm_____ Anorak gehe ich im Winter nicht raus.
2. Für mein neu_____ Hemd habe ich 45 Euro bezahlt.
3. Für meinen nächst_____ Urlaub brauche ich noch einen Sonnenhut.

___/4 4. Ich bin noch nie ohne meine klein_____ Kinder weggefahren.

4 Wie heißt das Gegenteil? Ordnen Sie zu.

0. intelligent	____	[a] lustig
1. eckig	____	[b] arm
2. ernst	____	[c] einfarbig
3. gemustert	_0_	[d] dumm
4. reich	____	[e] rund

___/4 0. _d_ 1. ____ 2. ____ 3. ____ 4. ____

5 Was passt zusammen? Ordnen Sie zu.

0. eine sympathische	____	[a] Unternehmerin
1. eine weibliche	_0_	[b] Persönlichkeit
2. eine erfolgreiche	____	[c] Brief
3. ein romantischer	____	[d] Kleid
4. ein elegantes	____	[e] Frisur

___/4 0. _b_ 1. ____ 2. ____ 3. ____ 4. ____

6 Lesen Sie.

P SD2
P DTZ

Sie möchten sich ein paar schöne Dinge kaufen und gehen in ein Kaufhaus.
Lesen Sie die Aufgaben 1–5 und die Information im Kaufhaus.
In welches Stockwerk gehen Sie?
Kreuzen Sie an: [a], [b] oder [c].

Beispiel

0. Sie möchten einen blauen Gürtel kaufen.
   [a] 1. Stock
   [b] 3. Stock
   [c] anderes Stockwerk

   ● ○ ○
   a b c

1. Sie haben Durst und möchten etwas trinken.
   [a] Erdgeschoss
   [b] 4. Stock
   [c] anderes Stockwerk

   ◯ a ◯ b ◯ c

2. Sie suchen einen Reiseführer über Dresden.
   [a] Erdgeschoss
   [b] 1. Stock
   [c] anderes Stockwerk

   ◯ a ◯ b ◯ c

3. Sie brauchen einen Schlafanzug.
   [a] 1. Stock
   [b] 3. Stock
   [c] anderes Stockwerk

   ◯ a ◯ b ◯ c

4. Sie haben gestern hier im Kaufhaus Ihr Handy verloren.
   [a] Erdgeschoss
   [b] 4. Stock
   [c] anderes Stockwerk

   ◯ a ◯ b ◯ c

5. Sie möchten Ihrer Tochter einen Lippenstift schenken.
   [a] 1. Stock
   [b] 4. Stock
   [c] anderes Stockwerk

   ◯ a ◯ b ◯ c

___/5

Stilfabrik **Ihr Kaufhaus der schönen Dinge**
4. Stock
Fahrräder / Sportgeräte / Fundbüro / Spielwaren / Kinderwagen / Wickelraum / Kinderbetreuung / Friseursalon / Kosmetika / Hygieneartikel
3. Stock
Betten / Matratzen / Bett- und Tischwäsche / Handtücher / Vorhänge / Dekostoffe / Bücher / Filme auf DVD / Video / Musik-CDs
2. Stock
Computer / Software / Hardware / MP3-Player / CDs / DVDs / Radio / TV / Foto / Optik
1. Stock
Damenbekleidung / Herrenbekleidung / Kinderbekleidung / Sportbekleidung / Schuhe / Accessoires / Hüte / Nachtwäsche / Bademoden / Koffer / Taschen
Erdgeschoss
Haushaltswaren / Besteck / Geschirr / Restaurant / Toiletten / Reisebüro / Tax-Free / Kundenservice / Apotheke / Erste Hilfe

7 Schreiben Sie.

P SD2

Sie haben eine E-Mail von Maria bekommen. Sie kennen Maria aus dem Internet. Sie sucht eine Brieffreundschaft und hat Ihnen ein paar Fragen gestellt.
Antworten Sie. Hier finden Sie vier Punkte. Wählen Sie drei aus. Schreiben Sie zu jedem Punkt ein bis zwei Sätze. Vergessen Sie nicht den passenden Anfang und den Gruß am Schluss.

Ihre Hobbys

Ihr Beruf

Ihre Familie

Was Sie schön finden

___/5

P SD2

8 Sprechen Sie.

Kandidat/Kandidatin A
Sie möchten zusammen ein Geschenk für einen Freund kaufen. Finden Sie einen gemeinsamen Termin. Machen Sie Vorschläge.

März **25** Samstag	
7:00	
8:00	Markt-einkaufen
9:00	
10:00	
11:00	Elektriker kommt
12:00	
13:00	Essen mit Miriam
14:00	
15:00	beim Waldlauf mitmachen
16:00	
17:00	
18:00	
19:00	Abendessen
20:00	Kino mit Jan
21:00	

März **25** Samstag	
7:00	
8:00	ausschlafen
9:00	
10:00	Frühstück bei Peter
11:00	
12:00	Auto aus der Werkstatt abholen
13:00	
14:00	Kindergartenfest Simone
15:00	
16:00	
17:00	
18:00	
19:00	Party bei Frank
20:00	
21:00	

Kandidat/Kandidatin B
Sie möchten zusammen ein Geschenk für einen Freund kaufen. Finden Sie einen gemeinsamen Termin. Machen Sie Vorschläge.

___/5

Prozent	10	20	30	40	50	60	70	80	90	100
Punkte	1 2 3 4	5 6 7 8	9 10 11 12	13 14 15 16	17 18 19 20	21 22 23 24	25 26 27 28	29 30 31 32	33 34 35 36	37 38 39 40

___/40

20 Komm doch mit!

1 Hören Sie.

P SD2 35–36

Sie hören ein Gespräch. Zu diesem Gespräch gibt es fünf Aufgaben. Ordnen Sie zu und notieren Sie den Buchstaben. Hören Sie den Text zweimal.

Was macht die Reisegruppe wann?

0. **Beispiel** Montag **Lösung** e: Nach Berlin fahren.

	0	1	2	3	4	5
Tag	Montag	Dienstag	Mittwoch	Donnerstag	Freitag	Samstag
Programm	e					

[a] Nach Hause zurückfahren.
[b] In den Bundestag gehen.
[c] Das Neue Museum ansehen.
[d] Schwimmen gehen.
[e] Nach Berlin fahren.
[f] Mit dem Schiff fahren.
[g] Schloss Sanssouci in Potsdam besichtigen.
[h] Freizeit.
[i] Tanzen.

___/5

2 *ein – mein – kein*: Ergänzen Sie das passende Pronomen mit der richtigen Endung.

0. ● Hast du Sonnencreme? ○ Tut mir leid, ich habe keine.
1. ● Ist das dein T-Shirt? ○ Nein. Frag doch mal Horst, ich glaube, das ist ________.
2. ● Möchtest du einen Apfel? ○ Nein danke, ich möchte jetzt ________.
3. ● Wo ist denn meine Tasche? ○ Hier liegt ________, ist die von dir?
4. ● Hast du meine Schuhe gesehen? ○ Nein, hier sind ________.
5. ● Hast du ein Handy dabei? ○ Ja, wieso, brauchst du ________?

___/5

3 Reflexivpronomen im Akkusativ. Schreiben Sie die Sätze.

0. sie / sich engagieren / für Kinderrechte/ . — Sie engagiert sich für Kinderrechte.
1. er / sich rasieren / zweimal täglich / . ________
2. wir / sich unterhalten / gern / über Politik / . ________
3. sie (Plural) / sich streiten / immer / an Weihnachten / . ________
4. ich / sich ärgern / über die laute Musik / . ________
5. ihr / sich verstehen / sehr gut / . ________

___/5

4 Welches Wort passt? Kreuzen Sie an.

0. Ich war gestern zum ersten Mal in meinem neuen Spanischkurs.
   Wir waren ziemlich [X] viele [ ] einige: 18 Leute.

1. Ich war nervös, weil ich noch [ ] jemanden [ ] niemanden kannte.
2. Am Anfang habe ich [ ] nichts [ ] etwas verstanden.
3. Ich glaube, die anderen können [ ] alle [ ] viele schon besser Spanisch als ich.
4. Später hat die Kursleiterin gefragt: „Möchte [ ] man [ ] jemand den Text vorlesen?"
   Da habe ich mich gemeldet, und es hat ganz gut geklappt.

___/5 5. Danach sind wir noch [ ] viel [ ] etwas trinken gegangen, das war nett.

5 Ergänzen Sie das passende Wort.

Spielplätze • Mitglieder • Semester • ~~Freizeitmöglichkeiten~~ • Bekannte • Freundeskreis

0. In meiner Stadt gibt es viele *Freizeitmöglichkeiten*.

1. Eltern mit Kindern finden gut, dass es in unserem Stadtviertel so viele __________ gibt.
2. Seit meiner Schulzeit habe ich einen großen __________.
3. Nächstes __________ mache ich einen Malkurs an der Volkshochschule.
4. Samstags treffe ich auf dem Markt immer viele __________.

___/5 5. In meinem Sportverein gibt es über 100 __________.

6 Lesen Sie.

P SD2 Lesen Sie den Text und die Aufgaben 1–5. Sind die Aussagen richtig oder falsch? Kreuzen Sie an.

Beispiel

0. Cacau hat zwei Brüder.	~~richtig~~ (X)	falsch
1. Cacau spielt für Brasilien.	richtig	falsch
2. Cacau findet, dass einem Fehler passieren dürfen.	richtig	falsch
3. Cacaus Mutter hat viel Geld verdient.	richtig	falsch
4. Seiner Mutter war seine Karriere wichtig.	richtig	falsch
___/5 5. Am Anfang hatte er in Deutschland Probleme.	richtig	falsch

Cacau – nicht nur im Fußball erfolgreich

Er kommt aus einer Familie mit drei Söhnen, und Fußball war schon immer seine Leidenschaft: Cacau ist in Brasilien aufgewachsen, hat aber inzwischen die deutsche Staatsangehörigkeit und spielt für die deutsche Nationalmannschaft.
Fairness und Toleranz sind ihm ganz wichtig. Man kann auch mal was falsch machen, aber dann muss man sich danach auch entschuldigen, sagt er.
Ein Vorbild war für ihn immer seine Mutter. Sie war Putzfrau und hat so wenig Geld nach Hause gebracht, dass Cacau und seine Brüder schon als Kinder arbeiten mussten. Trotzdem hat sie ihren Kindern immer gesagt, wie wichtig eine gute Ausbildung ist, und sie hat ihnen einen guten Start ins Berufsleben ermöglicht.
Cacaus fußballerisches Können hat ihn dann schließlich nach Deutschland gebracht. Die erste Zeit hier war nicht einfach für ihn, weil alles fremd war. Doch er hat die deutsche Sprache und Kultur schnell kennen und lieben gelernt – so gut, dass er heute ein Botschafter für Integration ist, der viel mit Jugendlichen spricht und ihnen Mut macht.

7 Schreiben Sie.

P SD2 Ihr Freund Lean möchte seine Tochter Erblina in einem Volleyballclub anmelden.
Helfen Sie und schreiben Sie die fünf fehlenden Informationen in das Formular oder kreuzen Sie an.

Beispiel

0. Geburtsdatum: 2.2.1998

Name:	Erblina Dragusha
Geburtsort:	Kosovo
Nationalität:	deutsch
Anschrift:	Schwarzwaldstr. 12, 79102 Freiburg im Breisgau
Telefon:	0761 234578
Eltern:	Arjona und Lean Dragusha

- Erblina möchte Volleyball spielen.
- Sie ist Anfängerin.
- Sie hat am Mittwochabend Zeit.
- Sie möchte am 1. März anfangen.
- Ihre Eltern möchten den Mitgliedsbeitrag überweisen.

Schülerausweis

Schuljahr 2011/2012
gültig bis: 20.9.2012

Erblina Dragusha
Schwarzwaldstr. 12
79102 Freiburg
geb.: 02.02.1998

Droste-Hülshoff-Gymnasium Brucknerstr. 2 79104 Freiburg

Verein für Ballsportarten Freiburg e.V.

Beitrittserklärung

Familienname:	Dragusha	
Vorname:	Erblina	
Geburtsdatum:	*2.2.1998*	(0)
Straße:	Schwarzwaldstr.	
Hausnummer:	☐	(1)
PLZ / Ort:	79102 Freiburg	
Beruf:	☐	(2)
Beginn der Mitgliedschaft:	☐	(3)
Trainingstag:	Mittwoch	
Sportart:	☐ Basketball ☐ Fußball ☐ 36–49 ☐ Handball ☐ Volleyball	(4)
Niveau:	☐ Anfänger ☐ leicht fortgeschritten ☐ sehr fortgeschritten	(5)
Ich zahle per:	☐ Bankeinzug ☒ Überweisung	

Datum: 23.2.2012 Unterschrift *Lean Dragusha*

___/5

8 Sprechen Sie.

P SD2

Kandidat/Kandidatin A

Sie möchten zusammen am Nachmittag oder am Abend ein Picknick machen. Finden Sie einen gemeinsamen Termin. Machen Sie Vorschläge.

	Mo	Di	Mi	Do	Fr	Sa	So
15:00		arbeiten	arbeiten		Friseur		Kaffee
16:00	Fahrstunde					Fußball-	trinken bei Clara
17:00				Fahrstunde		spiel	
18:00							
19:00	mit Birgit für die						
20:00	Führer- schein-		Eltern- abend				Kino
21:00	prüfung lernen						
22:00							

Kandidat/Kandidatin B

Sie möchten zusammen am Nachmittag oder am Abend ein Picknick machen. Finden Sie einen gemeinsamen Termin. Machen Sie Vorschläge.

	Mo	Di	Mi	Do	Fr	Sa	So
15:00						Tante Sophie zu	Tante Sophie zu
16:00				Zahnarzt		Besuch	Besuch
17:00							
18:00	Sprachkurs		Sprachkurs				
19:00				Kochen bei Manuel			
20:00		Krimi im Fernsehen			Konzert		
21:00							
22:00							

___/5

Prozent	10	20	30	40	50	60	70	80	90	100

___/40 Punkte 1 2 3 4 5 6 7 8 9 10 11 12 13 14 15 16 17 18 19 20 21 22 23 24 25 26 27 28 29 30 31 32 33 34 35 36 37 38 39 40

21 Arbeitssuche

1 Hören Sie.

P SD2
37–38

Sie hören ein Gespräch. Zu diesem Gespräch gibt es fünf Aufgaben. Ordnen Sie zu und notieren Sie den Buchstaben. Hören Sie den Text zweimal.

Wo findet man diese Personen?

0. **Beispiel** Personalchefin **Lösung** d: Gegenüber dem Empfang.

	0	1	2	3	4	5
Person	Personalchefin	Fahrer	Reinigungskraft	Techniker	Buchhalter	Leiterin Werbeabteilung
Lösung	d					

[a] Gegenüber der Kantine.
[b] In der Werkstatt.
[c] Neben dem Eingang.
[X] Gegenüber dem Empfang.
[e] Im Besprechungsraum.
[f] Neben dem Heizungsraum.
[g] Im ersten Stock.
[h] Gegenüber vom Chefbüro.
___/5 [i] Am Empfang.

2 Ergänzen Sie die richtige Endung.

0. Ich arbeite seit fünf Jahren als Elektriker. Die schwer_e_ Arbeit auf der Baustelle ist vor allem im Winter hart.

1. Aber mit dem gut______ Lohn kann ich meine Familie ernähren.
2. Den neu______ Chef habe ich noch gar nicht kennengelernt.
3. Der unsicher______ Job ist nichts für mich.
4. Das hell______ Büro finde ich sehr schön.
5. Mit der freundlich______ Kollegin arbeite ich sehr gerne zusammen. ___/5

3 Ergänzen Sie das passende Relativpronomen.

0. Ich suche eine Arbeit, _die_ ich zu Hause machen kann.
1. Ich brauche Kollegen, ______ ich mag.
2. Ich hatte mal einen Chef, ______ ich nie verstanden habe.
3. Die Stelle, ______ ich in der Zeitung gesehen habe, ist noch frei.
4. Der Techniker, ______ neu bei uns arbeitet, ist sehr nett.
5. Das neue Büro, ______ ich bekommen habe, ist sehr schön. ___/5

4 Was passt zusammen? Ordnen Sie zu.

0. eine Stelle	____	a	bestehen
1. Bewerbungsunterlagen	____	b	teilnehmen
2. einen Arbeitsvertrag	0	c	vermitteln
3. einen Einstellungstest	____	d	wegschicken
4. eine Karriere	____	e	unterschreiben
5. an einer Fortbildung	____	f	planen

___/5 0. c 1. ___ 2. ___ 3. ___ 4. ___ 5. ___

5 Lesen Sie.

P SD2
P DTZ

Lesen Sie die Anzeigen a–h und die Aufgaben 1–5. Welche Anzeige passt zu welcher Situation? Für eine Aufgabe gibt es keine Lösung. Schreiben Sie hier den Buchstaben X.

Beispiel
0. Sie suchen abends einen Nebenjob.

Lösung g

1. Ein Freund von Ihnen, ein Student, möchte in den Sommerferien Geld verdienen.
2. Sie brauchen eine Arbeit, haben aber nur am Vormittag Zeit.
3. Sie möchten einen medizinischen Beruf lernen und suchen eine Lehrstelle.
4. Sie suchen eine Vollzeitstelle mit festen Arbeitszeiten.
5. Eine Freundin hat das Gymnasium abgeschlossen und möchte die Arbeit in einem Krankenhaus kennenlernen.

Situation	0	1	2	3	4	5
Anzeige	g					

___/5

a

Du bist über 18 Jahre alt und hast im Sommer noch nichts vor?
Dann komm zu uns und mache ein **Praktikum im Kinderheim**. Unterkunft und Verpflegung werden gestellt, Geld gibt es leider keins, dafür aber jede Menge Spaß und viele neue Erfahrungen! Mehr Infos unter www.kinderheim-praktikum.de

b

Restaurant im Ratskeller
Wir sind ein gut gehendes Restaurant im Herzen der Altstadt.
Für unser eingespieltes Serviceteam brauchen wir Verstärkung:
Erfahrene Bedienung gesucht!
Vollzeit, Festanstellung, Schichtdienst im wöchentlichen Wechsel von 8 bis 16 und 16 bis 24 Uhr, sehr gute Bezahlung!
Bewerbungen bitte an
service@ratskeller-restaurant.de

c

Das *Café in der Weststadt*
sucht für nachmittags eine freundliche Servicekraft. Einarbeitung möglich. Hohe Trinkgelder, gutes Arbeitsklima! Bewerben Sie sich telefonisch unter 4572341, Frau Kahl.

d

Medizinisch-technische Assistentin für Praxis in der Innenstadt gesucht! Festanstellung, Vollzeit, Arbeitszeit von 8–16 Uhr. Bewerbungen bitte unter Chiffre CVB.2244

e

Urlaub machen und dabei Geld verdienen! Attraktive Jobs für SchülerInnen ab 18 und StudentInnen, auch im Ausland! Mehr Informationen und Bewerbungen unter www.sommerjobs.de

f

Das Klinikum im Zentrum bietet in den Sommerferien wieder **Praktikumsplätze** (leider ohne Bezahlung) für AbiturientInnen an. Drei Wochen Klinikalltag hautnah erleben – die Basis für Deine Berufswahl! Mehr Informationen unter www.klinikum-im-zentrum-de

g

Restaurant zum goldenen Topf
Wir suchen ab sofort Aushilfe für die Küche. Jeden Abend von 18 bis 22 Uhr, faire Bezahlung! Rufen Sie 7456923 an und fragen Sie nach Herrn Sommer!

h

Die Praxis am Ostkreuz bietet ab 1.9. einen **Ausbildungsplatz für eine Arzthelferin.** Spätere Übernahme in Festanstellung möglich. Sie sind motiviert, zuverlässig und können mit Menschen umgehen? Dann freuen wir uns auf Ihre Bewerbung unter der Chiffre XVC.1356

6 Schreiben Sie.

P DTZ

Sie haben in Ihrer Tageszeitung ein Stellenangebot für eine Aushilfe in einem Restaurant gelesen. Schreiben Sie einen Brief an den Arbeitgeber, weil Sie sich für die Stelle interessieren.
Schreiben Sie etwas über folgende Punkte. Vergessen Sie nicht die Anrede und den Gruß.
Zeigen Sie, was Sie können. Schreiben Sie möglichst viel.

Informationen zu Ihrer Person

Grund für Ihr Schreiben

Ihre Schulbildung

Ihre Berufserfahrung

___/5

7 Sprechen Sie.

P DTZ
P SD2

Stellen Sie sich bitte vor.

Name?
Schulbildung?
Ausbildung/Studium?
Beruf?
Berufswunsch für die Zukunft?

___/5

8 Sprechen Sie.

P SD2

Nehmen Sie eine Karte. Fragen Sie Ihren Partner / Ihre Partnerin.
Sie bekommen auch eine Frage.
Antworten Sie.
Das machen Sie dreimal.
Bei der Karte mit dem Fragezeichen stellen Sie eine freie Frage.

Beispiel

Thema: Arbeit
Wie ... ?

Thema: Arbeit	Thema: Arbeit
Warum ... ?	**Wo ... ?**
Thema: Arbeit	Thema: Arbeit
Wann ... ?	**Kannst du ... ?**
Thema: Arbeit	Thema: Arbeit
Wie lange ... ?	**Verdienst du ... ?**
Thema: Arbeit	Thema: Arbeit
... ?	**... ?**

___/5

Prozent	10	20	30	40	50	60	70	80	90	100
Punkte	1 2 3 4	5 6 7 8	9 10 11 12	13 14 15 16	17 18 19 20	21 22 23 24	25 26 27 28	29 30 31 32	33 34 35 36	37 38 39 40

___/40

22 Alltag und Medien

1 Hören Sie.

P DTZ
P SD2

Sie hören fünf Informationen aus dem Radio. Zu jedem Text gibt es eine Aufgabe.
Kreuzen Sie an: [a], [b] oder [c]. Hören Sie jeden Text einmal.

Beispiel

⊙ 39 0. Wie spät ist es?
- [a] Gleich halb neun.
- [X] Gleich 9 Uhr.
- [c] Gleich 21 Uhr.

⊙ 40 1. Welches Problem gibt es auf der Autobahn?
- [a] Einen Stau.
- [b] Ein Tier.
- [c] Einen Unfall.

⊙ 41 2. Welche Sendung gibt es kurz nach 17 Uhr?
- [a] Ein Kinderprogramm.
- [b] Eine Musiksendung.
- [c] Eine Sportsendung.

⊙ 42 3. Was kann man gewinnen?
- [a] Ein Buch.
- [b] Ein Spiel.
- [c] Eine CD.

⊙ 43 4. Wie soll man morgen in die Stadt fahren?
- [a] Mit dem Bus.
- [b] Mit dem Auto.
- [c] Mit der U-Bahn.

⊙ 44 5. Wie wird das Wetter am Samstag?
- [a] Sonnig.
- [b] Trocken.
- [c] Warm.

___/5

2 Ergänzen Sie die richtige Endung.

0. Welch*es*___ Programm siehst du gerne im Fernsehen?

1. Ich mag „Wer wird Millionär" – dies_______ Moderator finde ich witzig, wie heißt der noch mal?
2. Welch_______ Internetadresse hast du da angeklickt?
3. Na, die kennst du doch. Auf dies_______ Webseite hier findet man einfach die lustigsten Videos.
4. Welch_______MP3-Player kannst du mir empfehlen?
5. Nimm doch dies______ Sonderangebot hier!

___/5

3 Was passt nicht? Streichen Sie durch.

0. einen Anhang • herunterladen • speichern • ~~regeln~~

1. eine E-Mail • starten • senden • empfangen
2. den Fernseher • ausschalten • zappen • anschalten
3. eine SMS • schicken • lesen • mailen
4. den Anrufbeantworter • umschalten • abhören • anmachen
5. im Internet • finanzieren • surfen • recherchieren

___/5

4 Ergänzen Sie das passende Wort.

Netz • Tarif • Flatrate • Mailbox • Vertrag

0. Seit ich eine *Flatrate* habe, telefoniere ich oft stundenlang.

1. Meinen neuen _____________ kann ich jederzeit kündigen.
2. Außerdem ist der _____________ sehr günstig, ich zahle jetzt viel weniger als früher.
3. Wenn ich mein Handy nicht anhabe, sprich mir bitte auf die _____________.
4. Schick mir bitte keine E-Mail, ich komme zurzeit nicht ins _____________.

___/4

5 Lesen Sie.

P SD2 Sie sind in einer großen Buchhandlung.
Lesen Sie die Aufgaben 1–5 und die Information in der Buchhandlung.
In welches Stockwerk gehen Sie?
Kreuzen Sie an: [a], [b] oder [c].

Beispiel

0. Sie möchten ein Buch für Ihre Mutter kaufen. Ihre Mutter sieht ziemlich schlecht.
   [X] 1. Stock
   [b] 3. Stock
   [c] anderes Stockwerk

1. Sie möchten ein spanisches Buch im Original kaufen.
   [a] 1. Stock
   [b] 3. Stock
   [c] anderes Stockwerk

2. Sie möchten sich setzen und sich in Ruhe mehrere Bücher ansehen.
   [a] Erdgeschoss
   [b] 2. Stock
   [c] anderes Stockwerk

3. Sie haben Probleme mit Ihren Kindern und suchen Rat in einem Buch.
   [a] Erdgeschoss
   [b] 1. Stock
   [c] anderes Stockwerk

4. Sie müssen für Ihre 14-jährige Tochter ein Englisch-Lehrbuch für die Schule kaufen.
   [a] Erdgeschoss
   [b] 1. Stock
   [c] anderes Stockwerk

5. Sie möchten Ihre Bücher bezahlen.
   [a] Erdgeschoss
   [b] 2. Stock
   [c] anderes Stockwerk

___/5

Dom-Buchhandlung	
3. Stock	Lehrwerke für Erwachsene, Lexika, Hörbücher, englische / französische / spanische Bücher, Religion, Philosophie, Psychologie, Gesundheit, Erziehung, Leseecke
2. Stock	Bildbände, Fotobücher, Reiseführer, Kochbücher, Haus & Garten, Hobbys, Politik, Geschichte, Recht, Abholung bestellter Bücher
1. Stock	historische Romane, Belletristik, Lyrik, Kalender, Bücher in Großdruck für Senioren, Schulbücher, Sprachlehrwerke für Jugendliche
Erdgeschoss	Information, Kassen, Sonderangebote, Neuerscheinungen, Bilderbücher, Kinderbücher, Jugendbücher, Taschenbücher

6 Lesen Sie.

P DTZ Lesen Sie die drei Texte. Zu jedem Text gibt es zwei Aufgaben. Entscheiden Sie bei jedem Text, ob die Aussage richtig oder falsch ist und welche Antwort (a, b oder c) am besten passt und kreuzen Sie an.

Tag der offen Tür in der Albert-Einstein-Schule:
Mini-Computerkurs für Seniorinnen und Senioren

Am Samstag, den 18. September, findet der diesjährige Tag der offenen Tür in der Albert-Einstein-Schule statt. Das Ziel der Veranstaltung ist es, einen besseren Kontakt zwischen der Schule und den Anwohnern zu erreichen. Dieses Jahr hatten die Schüler der zwölften Klasse eine besondere Idee: Sie bieten interessierten Senioren im Informatikraum der Schule einen kostenlosen Computerkurs an. „Heute wollen viele ältere Menschen mit ihren Enkeln E-Mails austauschen, wissen aber nicht, wie das technisch funktioniert. Wir erklären Ihnen das Wichtigste." So Marie aus der zwölften Klasse. Und am Ende bekommen die Teilnehmer des Kurses die Telefonnummern ihrer jungen Kursleiter – damit sie auch Hilfe bekommen können, wenn sie mal nicht mehr weiterwissen.

1. In dem Computerkurs unterrichten Schülerinnen und Schüler. ○ richtig ○ falsch

2. Nach dem Kurs können die Teilnehmer
   [a] die Computer in der Schule nutzen.
   [b] die Kursleiter bei Problemen mit dem Computer anrufen.
   [c] komplizierte Computerprogramme bedienen.

   ○ a ○ b ○ c

Sehr geehrte Dame, sehr geehrter Herr,

Sie bezahlen bei uns regelmäßig Gebühren für Ihr Radio. Herzlichen Dank dafür! Heute wenden wir uns mit der Frage an Sie, ob Sie inzwischen auch ein Fernsehgerät nutzen.
Wir müssen dies tun, weil es leider immer noch viele Nutzer gibt, die ein Fernsehgerät haben, ohne dafür zu bezahlen.
Bitte senden Sie uns also das beigefügte Formular ausgefüllt zurück. Bitte schicken Sie uns das Formular auf jeden Fall, auch wenn Sie keinen Fernseher nutzen. Nur so können wir sicher sein, dass Sie unseren Brief auch erhalten haben.

Besten Dank für Ihre Mithilfe,

Ihre Rundfunkgebührenzentrale

3. Der Brief ist eine Werbung für die öffentlichen Fernsehprogramme. ○ richtig ○ falsch

4. Wenn man keinen Fernseher zu Hause hat,
   [a] muss man sich nicht melden.
   [b] soll man bei der Gebührenzentrale anrufen.
   [c] soll man der Gebührenzentrale eine Antwort schicken.

   ○ a ○ b ○ c

> Sehr geehrte Frau Droste,
>
> da Sie seit längerer Zeit nicht mehr über Ihre Handynummer 0140 5632198 telefoniert haben, wird Ihr Anschluss zum 10. Juli gekündigt. Das bedeutet für Sie, dass Sie mit diesem Anschluss nicht mehr telefonieren können und auch keine SMS mehr verschicken und empfangen können. Wenn Sie Ihren Anschluss weiter nutzen möchten, laden Sie bitte Ihr Guthaben neu auf.
> Außerdem haben Sie auch nach der Kündigung Ihres Anschlusses noch vier Wochen die Möglichkeit, diesen wieder aktivieren zu lassen.
> Bei weiteren Fragen oder Beratungsbedarf zu einem Tarifwechsel können Sie jederzeit unseren Kundenservice kontaktieren.
>
> Mit freundlichen Grüßen
>
> *Rainer Hoßbach*
> Leiter Kundenservice

5. Frau Droste soll ein neues Handy kaufen. ◯ richtig ◯ falsch

6. Wenn Frau Droste ihre Telefonnummer behalten möchte, muss sie
   [a] ein neues Guthaben auf ihr Handy laden.
   [b] einen neuen Vertrag abschließen.
   [c] mehr Telefongebühren bezahlen.
   ◯ a ◯ b ◯ c

___/6

7 Schreiben Sie.

P DTZ

Sie haben im Internet einen MP3-Player bestellt, aber die Speicherkarte ist kaputt. Schreiben Sie eine Reklamation an die Firma. Schreiben Sie etwas über folgende Punkte. Vergessen Sie nicht die Anrede und den Gruß.
Zeigen Sie, was Sie können. Schreiben Sie möglichst viel.

Grund für Ihr Schreiben

Garantie?

Reparatur oder Umtausch

Ihre Erreichbarkeit

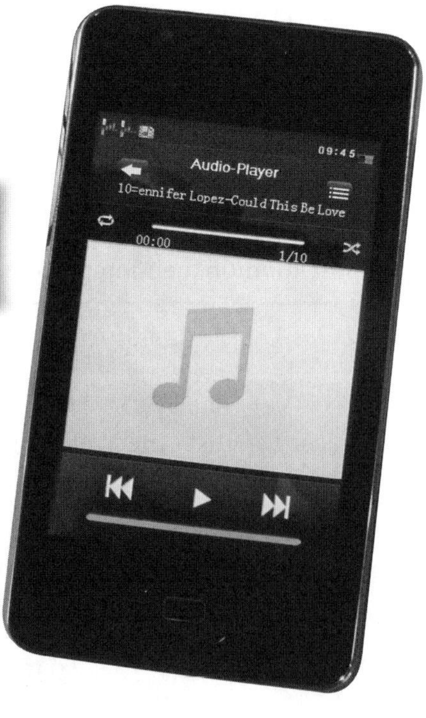

___/5

P DTZ

8 Sprechen Sie.

Über Erfahrungen sprechen

A. Sie und Ihre Partnerin / Ihr Partner bekommen ein Foto. Berichten Sie kurz:

- Was sehen Sie auf Ihrem Foto?
- Was für eine Situation zeigt Ihr Bild?

B. Berichten Sie der Prüferin / dem Prüfer über Ihre Erfahrungen. Zum Beispiel:

- Welche Medien nutzen Sie privat, welche beruflich?
- Welche Vorteile und welche Nachteile haben die modernen Medien Ihrer Meinung nach?
- Ab welchem Alter braucht man Ihrer Meinung nach ein Handy? Warum?

___/5

Prozent	10	20	30	40	50	60	70	80	90	100
___/40 Punkte	1 2 3 4	5 6 7 8	9 10 11 12	13 14 15 16	17 18 19 20	21 22 23 24	25 26 27 28	29 30 31 32	33 34 35 36	37 38 39 40

23 Die Politik und ich

1 Hören Sie.

P DTZ

Sie hören Aussagen zu einem Thema. Welcher der Sätze a–f passt zu den Aussagen 1–3?
Lesen Sie jetzt die Sätze a–f. Dazu haben Sie eine Minute Zeit.
Danach hören Sie die Aussagen.

⊙ 45–48

Nr.	0	1	2	3
Lösung	d			

a Politik ist nur etwas für Experten.

b Die Politik muss europäischer werden.

c Die Politiker hören zu wenig auf die Bürger.

d Die Politiker müssen sich mehr für die ausländischen Mitbürger einsetzen.

e Man kann politisch etwas erreichen, wenn man sich engagiert.

f Wir müssen die Politiker gut kontrollieren.

___/3

2 Ergänzen Sie die fehlende Präposition.

0. Ich denke oft an meine Freundin.
1. Er freut sich _______ den Winter.
2. Wir engagieren uns _______ die Menschenrechte.
3. Sie diskutiert viel _______ ihrer Schwester.
4. Du kümmerst dich ja wirklich nett _______ deine Oma!
5. Ärgere dich doch nicht so _______ das schlechte Wetter!
6. Ich muss _______ meine Gesundheit achten.

___/6

3 Schreiben Sie das Verb im Präteritum.

0. Er (anrufen) rief sie jeden Abend an.
1. Dann (stehen) __________ er endlich vor ihr.
2. Sie (denken) __________: Eigentlich sieht er ja ganz nett aus.
3. Am Tag danach (gehen) __________ er eine Woche in den Urlaub.
4. Sie (bekommen) __________ jeden Tag Post von ihm.
5. Da (wissen) __________ sie: Alles wird gut!

___/5

4 Was passt zusammen? Ordnen Sie zu.

0. ein Land	____	a	sparen
1. einen Antrag	____	b	nehmen auf
2. Unterschiede	0	c	regieren
3. Rücksicht	____	d	gründen
4. Energie	____	e	akzeptieren
5. eine Partei	____	f	schützen
6. die Umwelt	____	g	stellen

___/6 0. c 1. ____ 2. ____ 3. ____ 4. ____ 5. ____ 6. ____

5 Lesen Sie.

P SD2 Lesen Sie den Text und die Aufgaben 1–5. Sind die Aussagen richtig oder falsch? Kreuzen Sie an.

Beispiel

0. Florian Bernschneider studiert noch.	~~richtig~~ (X)	falsch
1. Seine erste Rede war ein Erfolg.	richtig	falsch
2. Die älteren Kollegen finden, dass er seine Arbeit gut macht.	richtig	falsch
3. Die älteren Politiker haben mehr Macht als er.	richtig	falsch
4. Er findet, dass in der Politik zu wenig an die Zukunft gedacht wird.	richtig	falsch
5. Im Bundestag gibt es fast keine jungen Abgeordneten.	richtig	falsch

___/5

Florian Bernschneider – unser jüngster Bundestagsabgeordneter

Er ist erst 23 Jahre alt und noch Student – aber gleichzeitig auch schon berufstätig: Florian Bernschneider sitzt seit den letzten Wahlen als jüngster Abgeordneter im Deutschen Bundestag. Vor seiner ersten Rede war er sehr nervös, aber sobald er anfing zu sprechen, war die Nervosität weg. Am Ende bekam er viel Beifall.

In seinem Arbeitsalltag muss er den älteren Abgeordneten jetzt immer wieder beweisen, dass auch ein Student verantwortliche Politik machen kann. Aber das hat er bisher jedes Mal geschafft. Und bei den Abstimmungen zählt seine Stimme dann natürlich genauso viel wie die eines Fünfzigjährigen. Schließlich bestimmt die Politik von heute über das Leben der kommenden Generationen. Und daran denken ältere Politiker oft zu wenig, findet Florian Bernschneider. Zu seinem Glück ist er nicht der einzige Jungpolitiker. Es gibt mehrere Parlamentarier unter 30 in allen Parteien, und alle sind sie schon echte Profis.

6 Schreiben Sie.

P SD2

Sie haben eine Nachricht von Kasimir bekommen. Sie kennen Kasimir aus dem Deutschkurs. Er hat ganz neu den deutschen Pass bekommen und hat am Wochenende zum ersten Mal gewählt. Antworten Sie. Hier finden Sie vier Punkte. Wählen Sie drei aus. Schreiben Sie zu jedem Punkt ein bis zwei Sätze. Vergessen Sie nicht den passenden Anfang und den Gruß am Schluss.

Politik in Ihrem Land

gratulieren

Wahl am Wochenende

Ihre Arbeit / Ihr Deutschkurs

___/5

7 Sprechen Sie.

P DTZ

Gemeinsam etwas planen

Sie möchten mit Ihrem Deutschkurs eine Fahrt nach Berlin machen.
Sie sollen zusammen mit Ihrer Partnerin / Ihrem Partner diese Fahrt organisieren.
Planen Sie, was Sie tun möchten. Hier sind einige Notizen:

Programm?

Unterkunft?

Reise?

Wer macht was?

Wer kommt mit?

… ?

___/5

8 Sprechen Sie.

P SD2

Nehmen Sie eine Karte. Fragen Sie Ihren Partner / Ihre Partnerin.
Sie bekommen auch eine Frage.
Antworten Sie.
Das machen Sie dreimal.
Bei der Karte mit dem Fragezeichen stellen Sie eine freie Frage.

Beispiel

Thema: Politik
Wie … ?

Thema: Politik	Thema: Politik
Was … ?	**Wer … ?**
Thema: Politik	**Thema: Politik**
Wählen … ?	**Warum … ?**
Thema: Politik	**Thema: Politik**
Wie oft … ?	**Gibt es … ?**
Thema: Politik	**Thema: Politik**
… ?	**… ?**

___/5

Prozent	10	20	30	40	50	60	70	80	90	100

___/40 Punkte 1 2 3 4 5 6 7 8 9 10 11 12 13 14 15 16 17 18 19 20 21 22 23 24 25 26 27 28 29 30 31 32 33 34 35 36 37 38 39 40

24 Bei uns und bei euch

1 Hören Sie.

P SD2 Sie hören fünf Ansagen am Telefon. Zu jedem Text gibt es eine Aufgabe. Ergänzen Sie die Telefon-Notizen. Hören Sie jeden Text zweimal.

49 **Beispiel**

Ulrike Preis für Kinokarte
Wie viel? 5,50 €

50 1 **Moritz** Geschenk einkaufen:
Wann nicht? ____________

51 2 **Buchhandlung** Buch abholen
Zeit: ____________

52 3 **Charlotte** Einladung zum Kaffeetrinken
Wann? ____________

53 4 **Oliver** Party am Samstag
Wo? ____________

54 5 **Hassan** Irenes Vorwahl: 089
Irenes Rufnummer: ________

___/5

2 Welche Präposition passt? Kreuzen Sie an.

0. Mein Freund kommt ☒ aus ☐ bei ☐ nach der Türkei.
1. Er lebt aber schon ☐ mit ☐ nach ☐ seit 14 Jahren in Deutschland.
2. Ich gehe mit ihm oft ☐ bei ☐ nach ☐ zu seinen Eltern.
3. Dort gibt es ☐ aus ☐ nach ☐ seit dem Essen immer Tee.
4. Manchmal trifft sich die ganze Familie auch ☐ nach ☐ zu ☐ bei uns zu Hause.
5. ☐ Zu ☐ Mit ☐ Nach seinem kleinen Bruder gehen wir manchmal ins Kino.

___/5

3 Ergänzen Sie die passende Konjunktion.

dass • ~~weil~~ • wenn • die • bis • bevor

0. Sie kauft ihm ein Geschenk, weil er Geburtstag hat.
1. Er wartet, __________ sie kommt.
2. Ich hoffe, __________ dir mein Kuchen schmeckt.
3. Sie schläft besser, __________ sie abends einen Spaziergang macht.
4. Räumt bitte die Wohnung auf, __________ Oma kommt!
5. Am liebsten mag ich Gäste, __________ sich gut unterhalten.

___/5

4 Wie heißt das Gegenteil? Ordnen Sie zu.

0. schmutzig	____	a	freundlich
1. distanziert	____	b	emotional
2. negativ	0	c	sauber
3. sachlich	____	d	positiv
4. klassisch	____	e	modern

___/4 0. c 1. ____ 2. ____ 3. ____ 4. ____

5 Lesen Sie.

P DTZ Lesen Sie den Text und schließen Sie die Lücken 1–6. Welche Lösung (a, b oder c) passt am besten?

Interkulturelles Haus
Am Wassertor 7
39756 Großhausen

An Frau Funda Cilic
Blütenweg 23
39777 Großhausen

1.9.2011

_0_ Anmeldung zum interkulturellen Kochkurs

Sehr geehrte _1_ Cilic,

wir freuen uns sehr, dass Sie sich zu unserem interkulturellen Kochkurs angemeldet _2_. Wie Sie schon wissen, _3_ wir mit diesem Kurs den Austausch zwischen den Kulturen ermöglichen. Deshalb _4_ wir Sie, an einem Abend ein typisches Gericht aus Ihrer Heimat vorzustellen. _5_ Sie bitte auch nicht, das Rezept zu diesem Gericht mitzubringen. Wir wünschen Ihnen _6_ Spaß!

Mit freundlichen Grüßen

Ihre Irene Petrocelli

Beispiel

0 [a] Deine [b] Eure [c] Ihre — ○ a ○ b ● c

1 [a] Dame [b] Fräulein [c] Frau — ○ a ○ b ○ c

2 [a] haben [b] hätten [c] würden — ○ a ○ b ○ c

3 [a] dürfen [b] möchten [c] müssen — ○ a ○ b ○ c

4 [a] bitten [b] danken [c] hoffen — ○ a ○ b ○ c

5 [a] Verbieten [b] Vergessen [c] Verlieren — ○ a ○ b ○ c

6 [a] mehr [b] sehr [c] viel — ○ a ○ b ○ c

___/6

6 Schreiben Sie.

P SD2 Sie haben einen Brief von Roman bekommen. Er war mit Ihnen im Deutschkurs und möchte am Samstag eine Party machen, weil er die Prüfung bestanden hat. Roman lädt Sie ein. Antworten Sie. Hier finden Sie vier Punkte. Wählen Sie drei aus. Schreiben Sie zu jedem Punkt ein bis zwei Sätze. Vergessen Sie nicht den passenden Anfang und den Gruß am Schluss.

Wegbeschreibung | **Glückwunsch** | **etwas mitbringen?** | **andere Gäste?**

___/5

7 Sprechen Sie.

P SD2

Nehmen Sie eine Karte. Fragen Sie Ihren Partner / Ihre Partnerin.
Sie bekommen auch eine Frage.
Antworten Sie.
Das machen Sie dreimal.
Bei der Karte mit dem Fragezeichen stellen Sie eine freie Frage.

Beispiel

Thema: Einladung
Wen … ?

Thema: Einladung	Thema: Einladung
Wie viele … ?	**Wann … ?**
Thema: Einladung	Thema: Einladung
Warum … ?	**Planst du … ?**
Thema: Einladung	Thema: Einladung
Darf man … ?	**Wo … ?**
Thema: Einladung	Thema: Einladung
… ?	**… ?**

___/5

8 Sprechen Sie.

P SD2

Kandidat/Kandidatin A

Sie möchten zusammen am Nachmittag oder am Abend ein Picknick machen. Finden Sie einen gemeinsamen Termin. Machen Sie Vorschläge.

	Mo	Di	Mi	Do	Fr	Sa	So
14:00	arbeiten						
15:00	im Park spazieren gehen				Friseur	zu Julius	
16:00				Termin Rathaus: Pass abholen	Geschenk für James kaufen	Hochzeit fahren	
17:00		Teambesprechung	Gymnastik		Gymnastik		
18:00							
19:00				Treffen Umweltgruppe			

Kandidat/Kandidatin B

Sie möchten zusammen am Nachmittag einen Kaffee trinken gehen. Finden Sie einen gemeinsamen Termin. Machen Sie Vorschläge.

	Mo	Di	Mi	Do	Fr	Sa	So
14:00			Augenärztin			Ausflug an den	Grillen mit
15:00		Deutsch lernen mit				See	Deutschkurs
16:00	Computer Kurs	Giancarlo	arbeiten		arbeiten		
17:00							
18:00				Kochen mit Paul			
19:00	Kino mit Luisa						

___/5

Prozent	10				20				30				40				50				60				70				80				90				100			
Punkte	1	2	3	4	5	6	7	8	9	10	11	12	13	14	15	16	17	18	19	20	21	22	23	24	25	26	27	28	29	30	31	32	33	34	35	36	37	38	39	40

___/40

Kapitel 13

⊙ 2

Aufgabe 1

Beispiel

- ● Guten Tag, kann ich Ihnen helfen?
- ○ Ja gerne. Ich brauche einen Rock für die Arbeit, also nicht zu kurz. Mein Chef findet nämlich seriöse Kleidung sehr wichtig.
- ● Da kann ich Ihnen diesen hier empfehlen, der geht etwas übers Knie. Sie können ihn hier mal anprobieren. Und?
- ○ Super, der passt gut. Wissen Sie, ich mag nämlich keine zu engen Röcke, aber der hier ist sehr bequem. Was kostet der denn?
- ● Also, das ist ja ein sehr gutes Material, deshalb ist er leider auch nicht so ganz billig – er kostet 109 Euro.
- ○ Oh, schade, aber so viel möchte ich nicht für einen Rock bezahlen.
- ● Dann probieren Sie doch mal ...

⊙ 3

Nummer 1 und 2

- ● Karl-Heinz, komm mal her! Guck mal, hier die Hose – du brauchst doch noch eine zum Wandern!
- ○ Aber da kann ich doch meine alte Jeans anziehen, die ist ideal, weil sie so viele Taschen hat! Da passt alles rein!
- ● Die alte Jeans? Aber die ist doch schon total kaputt! Die geht nicht mehr.
- ○ Na gut, dann lass mal sehen.
- ● Also, ich finde, die sieht richtig toll aus!
- ○ Wie die aussieht, ist mir egal. Hauptsache, sie ist bequem!
- ● Ich glaube, die wird dir gut passen. Und der Preis ist doch auch wirklich günstig: Sie kostet nur 35 Euro.
- ○ 35 Euro nur? Das ist super! Okay, dann bestell sie mal.

⊙ 4

Nummer 3 und 4

- ● Mama, schau mal hier – ich brauche doch noch Sportschuhe!
- ○ Wieso – du hast doch welche! Wir haben sie erst letzten Monat für dich gekauft!
- ● Ja, aber die sind doch für die Schule – die darf ich nur in der Sporthalle anziehen. Ich will aber auch welche für den Fußballverein.
- ○ Na weißt du, das wird mir jetzt aber wirklich zu teuer. Du hast doch Schuhe zum Fußballspielen!
- ● Ja, aber bei uns im Verein haben jetzt alle diese schicken neuen Schuhe, nur ich noch nicht!
- ○ Ich habe einen Vorschlag: Jetzt vor den Ferien bekommst du ja dein Zeugnis, und da gibt Oma dir doch immer Geld – davon kannst du dir die Schuhe dann kaufen.
- ● Na gut.

⊙ 5

Nummer 5 und 6

- ● Entschuldigen Sie, wir machen für eine Modezeitschrift eine Umfrage zum Thema Kleidung, hätten Sie einen Moment Zeit?
- ○ Ja, okay.
- ● Also, unsere erste Frage ist: Was tragen Sie denn in der Arbeit?
- ○ Ich bin Flugbegleiterin, da muss ich immer ein Kostüm tragen, also Rock mit Jackett und eine Bluse dazu.
- ● Und in der Freizeit?
- ○ Da habe ich am liebsten Hosen an, weil ich die so bequem und praktisch finde. Und im Winter, wenn es kalt ist, da sind Hosen ja auch viel wärmer. Deshalb ziehe ich mich nach der Arbeit immer gleich um – Hosen habe ich einfach am liebsten.
- ● Das war's auch schon! Danke, dass Sie sich die Zeit genommen haben!
- ○ Gern geschehen!

⊙ 6

Nummer 7 und 8

- ● Hallo Milan!
- ○ Tag Anja!
- ● Na, hast du die Hausaufgaben schon fertig?
- ○ Ja klar. War ja nicht so viel. Ich muss nachher nur noch die Wörter für den Englischtest wiederholen.
- ● Englischtest?
- ○ Schon vergessen? Wir schreiben doch morgen einen Vokabeltest.
- ● Oh je, stimmt ja. Mist, dann kann ich heute doch nicht mehr einkaufen gehen.
- ○ Na, Einkaufen ist ja echt dein Hobby!
- ● Ja, aber dieses Mal ist es wirklich nötig. Ich habe doch letzte Woche in der Schule alles verloren: Mütze, Schal und Handschuhe. 'Ne Mütze habe ich jetzt von meiner Schwester, und Schals hatte ich sowieso genug – aber Radfahren ohne Handschuhe, das geht jetzt gar nicht mehr!
- ○ Ja, da hast du recht, es ist wirklich kalt geworden!

⊙ 7

Aufgabe 2

Beispiel

- ● Hallo und herzlich willkommen zu unserem Thema des Tages – heute zu der Frage: „Welche Rolle spielt die Mode in Ihrem Leben?" Wir haben vier Personen nach ihrer Meinung gefragt. Aber hören Sie am besten einfach die Leute selbst!
- ○ Mode? Na ja, ich finde, es gibt Wichtigeres im Leben. Ich mag zum Beispiel schöne alte Möbel sehr. Aber an wichtigen und großen Tagen sollte man sich schon schick machen, finde ich. Also bei meiner Hochzeit war ich richtig elegant, und meine Frau natürlich auch. Wenn ich was zu feiern habe, dann hole ich schon mal meinen besten Anzug aus dem Schrank.

⊙ 8

Nummer 1

Kleider sind mir total egal. Ich verstehe gar nicht, dass Frauen sich immer stundenlang über Mode unterhalten können. Ich arbeite in einem Hotel am Empfang, da muss ich mich natürlich immer gut anziehen, mit Krawatte und allem, aber in der Freizeit trage ich eigentlich immer nur Jeans und ein T-Shirt.

⊙ 9

Nummer 2

Mode ist mein Leben! Bei mir muss es immer das Allerneueste sein. Ich fühle mich nur gut, wenn ich top angezogen bin. Dabei brauche ich gar nicht so viele Kleidungsstücke – aber die müssen dann ganz modern sein. Weil ich überhaupt nicht gern in Läden gehe, bestelle ich alles über das Internet. Die Sachen kommen zu mir nach Hause und ich kann in Ruhe entscheiden, was ich kaufen möchte.

⊙ 10

Nummer 3

Schöne Kleider? Das ist für mich zurzeit leider nur ein Traum. Es muss nicht immer die neueste Mode sein, ich mag vor allem originelle Sachen. Aber mein Problem ist, dass ich seit zwei Jahren arbeitslos bin. Außerdem habe ich zwei kleine Kinder. Das Geld reicht gerade so für das Wichtigste, und deshalb ist im Moment für neue Kleider einfach kein Geld da. Aber in zwei Monaten habe ich eine neue Stelle, und von meinem ersten Gehalt schenke ich mir selber dann was Schönes zum Anziehen, da freue ich mich schon jetzt drauf!

Kapitel 14

⊙ 11

Aufgabe 1

Beispiel

Hallo Claudia, Tilo hier. Super, dass du zu meiner Party kommen kannst! Und weißt du was: Ein Freund von mir, Thomas, kommt auch aus Köln und fährt mit dem Auto. Er kann dich mitnehmen. Ruf ihn am besten selbst mal an, er weiß schon Bescheid. Seine Nummer ist die 2798421 in Köln. Dann bis Samstag, ich freu mich schon!

⊙ 12

Nummer 1

Grüß dich, Kilian! Ich bin's, Martin. Also, wir treffen uns ja heute hier bei mir zum Kuchenbacken, für Doris zu ihrem dreißigsten Geburtstag. Ich habe gerade gemerkt, dass ich kein Mehl mehr habe, kannst du bitte welches mitbringen? Danke und bis später!

⊙ 13

Nummer 2

Tag Tina! Hier ist Sabine. Also, ich war in der Stadt, das Hochzeitsgeschenk für

Carmen kostet 60 Euro. Wir teilen uns das ja, das sind dann also 30 Euro für dich. Ist das okay so oder sind dir 30 Euro zu viel? Bitte ruf mich bald zurück! Sabine.

⊙ 14
Nummer 3
Hallo Schwesterchen! Du, ich habe gerade im Internet recherchiert, wegen unserer Zugfahrt nach Leipzig zu Mamas Siebzigsten. Also, wir können am Freitag um 17:52 Uhr fahren und sind dann um 19:05 Uhr dort. Fünf nach sieben, das ist doch perfekt, dann haben wir noch ein bisschen Zeit vor dem Abendessen um acht!

⊙ 15
Nummer 4
Hallo Juliane! Hier ist Caroline. Ich rufe noch mal wegen meiner Geburtstagsfeier an. Weil ja jetzt das Wetter so schlecht ist, feiern wir nicht im Zoo, sondern im Schwimmbad. Also, dann bis am Samstag um drei im Schwimmbad.

⊙ 16
Nummer 5
Hallo Beate, schade, dass du nicht da bist! Bernd am Apparat. Also, es geht um unser Osterfrühstück. Ich habe noch mal mit Jana gesprochen. Sie meint, erst 12 Uhr ist doch besser. Wir sind nämlich am Samstagabend alle beim Osterfeuer, da kommen wir sicher spät ins Bett. Ich hoffe, das ist für euch in Ordnung? Wenn wir nichts mehr von euch hören, dann sehen wir uns am Sonntag um 12, okay?

Kapitel 15

⊙ 17
Aufgabe 1
Beispiel
Meine Eltern sind 1972 nach Deutschland gekommen. Mein Vater hat auf dem Bau gearbeitet, meine Mutter war zuerst zu Hause. Wir waren vier Geschwister, da hatte sie genug mit uns Kindern und dem Haushalt zu tun. Als mein jüngster Bruder dann in die Schule kam, ist sie auch arbeiten gegangen. Als Kassiererin in einem Supermarkt.

⊙ 18
Nummer 1 bis 5
Wir haben in einer Kleinstadt in Süddeutschland gelebt, und ich war das einzige Migrantenkind in der Klasse, alle anderen waren Deutsche. Wenn da jemand etwas Schlechtes über Ausländer gesagt hat, war ganz klar: Der kann nur mich meinen. Aber wenn ich dann etwas Negatives über die Deutschen gesagt habe, hatte ich die ganze Klasse gegen mich. Deshalb war ich immer allein. Nachmittags wollte niemand mit mir spielen. Das war für mich sehr schwer, aber heute bin ich für diese Erfahrung dankbar. Weil die anderen immer mehr waren, habe ich gelernt, Konflikte ohne Gewalt zu lösen. Ich habe verstanden, dass ich andere so behandeln muss, wie ich selbst behandelt werden möchte: ohne Gewalt, ohne Vorurteile. Ich habe das Beste aus beiden Kulturen genommen und es zu meiner eigenen Kultur gemacht.

Kapitel 16

⊙ 19
Aufgabe 1
Beispiel
● Herzlich willkommen, Frau Böhm. Sie sind ja unsere neue Praktikantin, oder?
○ Ja, genau.
● Freut mich. Mein Name ist Keil. Schön, dass Sie da sind.
○ Ja, ich finde es auch toll, dass ich hier ein Praktikum machen kann.
● Gut, dann zeige ich Ihnen jetzt unsere Sprachschule. Wie Sie ja schon wissen, finden Sie mich immer hier in meinem Büro im Erdgeschoss.

⊙ 20
Nummer 1 bis 5
● Am besten gehen wir erst mal nach unten, in den Keller. Hier ist der Raum für den Zivildienstleistenden, da können Sie Ihre Sachen auch lassen.
○ Ah, das ist ja schön hell hier.
● Ja, der Raum ist doch in Ordnung, auch wenn er im Keller ist. Unser Zivi, Herr Matt, ist gerade unterwegs, aber Sie können ihn später noch kennenlernen.
○ Mhm.
● So, dann gehen wir wieder ins Erdgeschoss. Hier, im Büro, bei unserer Sekretärin Frau Zogg geben Sie dann nachher bitte auch Ihren Vertrag ab.
○ Ja, mache ich.
● So, und direkt hier am Eingang hat unser Hausmeister, Herr Öchsle, seinen Raum. Aber er ist natürlich oft irgendwo im Haus unterwegs, im Moment wohl auch.
○ Aber jetzt weiß ich ja, wo ich ihn suchen kann.
● So, dann bleibt nur noch der erste Stock. Hier ist das Lehrerzimmer, da können Sie in der Pause um 11 Uhr Frau Bubeck treffen. Sie ist hier bei uns Dozentin. An ihrem Unterricht können Sie dann teilnehmen, sie weiß schon Bescheid.
○ In Ordnung, dann gehe ich um 11 hier ins Lehrerzimmer.
● Und hier direkt neben dem Lehrerzimmer ist dann der Kopierraum, falls Sie mal was kopieren müssen. Ach ja, und da hinten ist dann unser Computerraum, da geht manchmal eine Klasse rein, wenn sie was im Internet recherchieren muss.
○ Das ist ja eine tolle Möglichkeit!
● Ja, heutzutage ist das schon wichtig. Hier hinten ist dann noch eine kleine Teeküche, wenn Sie sich in der Pause mal einen Tee machen möchten.
○ Oh ja, gerne.
● So, und das Wichtigste kommt zum Schluss: Unsere Cafeteria. Unsere Köchin heißt Frau Fehler, sie kommt allerdings immer erst um halb elf. Es gibt hier jeden Tag ein anderes Mittagessen, und natürlich auch Kuchen und Snacks.
○ Das ist ja wunderbar!

Kapitel 17

⊙ 21
Aufgabe 1
Beispiel
Guten Tag, Frau Milanova, Wörle am Apparat, Ihr neuer Vermieter. Also mit dem Mietvertrag ist jetzt alles klar, ich hatte ihn heute in der Post mit Ihrer Unterschrift, wunderbar. Jetzt brauchen wir nur noch einen Termin für die Übergabe der Wohnungsschlüssel. Ich schlage vor, das machen wir in der Wohnung, sie wollten ja sowieso noch mal rein vor Ihrem Umzug. Bitte melden Sie sich doch bald telefonisch bei mir, dann können wir einen Termin ausmachen.

⊙ 22
Nummer 1
Ich grüße Sie, Herr Frey, hier spricht Sieglinde Koch vom Immobilienbüro Raffke & Partner. Es geht um den Besichtigungstermin für die Wohnung in der Bachstraße. Das klappt heute um 17 Uhr. Ich hoffe, da haben Sie Zeit. Sie arbeiten doch nur bis 16 Uhr. Sie kommen am besten gleich nach der Arbeit in mein Büro, dann können wir zusammen zu der Wohnung fahren. Bitte rufen Sie mich noch mal kurz an. Danke und bis später.

⊙ 23
Nummer 2
Hallo Frau Klotzner. Autovermietung Beerwald hier. Also, es gibt da leider ein kleines Problem. Sie haben doch für Ihren Umzug am Samstag einen Wagen reserviert. Der musste jetzt leider in die Werkstatt, und da kann ich ihn erst am Montag wieder abholen. Sie wohnen doch gleich hier um die Ecke, am besten, Sie kommen einfach vorbei, und dann schauen wir, welches Auto Sie am Samstag nehmen können. Ich bin wie immer bis 19 Uhr hier. Vielen Dank für Ihr Verständnis und bis später.

⊙ 24
Nummer 3
Liebe Frau Kern, ich bin's noch mal, Ihr Vermieter. Ich rufe wieder wegen dem Fenster an. Natürlich müssen Sie das nicht selbst in Ordnung bringen. Es ist ja nicht Ihre Schuld, dass das kaputt gegangen ist. Also, ich gebe Ihnen jetzt

die Telefonnummer von meinem Handwerker, das ist der Herr Frank, der hat die Nummer 7569340. Da rufen Sie bitte an und machen mit ihm aus, wann er kommen kann. Ich habe schon mit ihm gesprochen, er weiß Bescheid. Wenn es Ihnen Recht ist, komme ich dann mal vorbei, sobald das Fenster fertig ist. Auf Wiederhören.

⊙ 25
Nummer 4
Hallo Herr Wurbs, es geht um die Wohnung in der Schwabstraße. Also, die Küche haben Sie jetzt ja auch renoviert, das ist in Ordnung so und sauber ist die Wohnung auch, aber Sie haben immer noch einen Schlüssel! Den brauchen wir natürlich auch noch zurück, bevor wir Ihnen Ihre Kaution zurücküberweisen können. Also melden Sie sich bitte bald bei uns, es ist ja auch in Ihrem Interesse. Auf Wiederhören.

Kapitel 18
⊙ 26
Aufgabe 1
Beispiel
Sommerzeit – Reisezeit. Die meisten sind jetzt wieder auf Reisen. Wir haben eine Umfrage gemacht: Mit welchem Verkehrsmittel fahren Sie am liebsten in den Urlaub?
Also, ich bin beruflich sehr viel mit dem Auto unterwegs. Deshalb fahre ich im Urlaub überhaupt nicht Auto. Wir fahren immer mit dem Zug. Und dann noch mit dem Bus. Unser Urlaubsort ist ein kleines Bergdorf in den Alpen. Dort sind wir dann zwei Wochen nur zu Fuß unterwegs, das ist Entspannung pur. Auto und Urlaub – das passt für mich überhaupt nicht zusammen.

⊙ 27
Nummer 1
Im Urlaub will ich Deutschland am liebsten immer komplett vergessen. Deshalb reise ich gern in ganz ferne Länder. Es muss für mich unbedingt exotisch sein. Und in diesen exotischen Ländern nutze ich dann alle Verkehrsmittel, das finde ich interessant. Ich fahre mit dem Bus oder mit dem Zug über Land, mache Radtouren, gehe wandern … Natürlich muss ich dazu immer erst mal sehr weit fliegen, aber das ist es mir wert.

⊙ 28
Nummer 2
Mir ist es am wichtigsten, dass ich jederzeit dahin fahren kann, wo ich will. Ich will keine Fahrpläne lesen, und ich hasse es, ewig irgendwo zu warten. Außerdem bin ich ein Individualist und sitze nicht gern mit vielen anderen Leuten zusammen in vollen Zügen, Bussen oder Flugzeugen. Deshalb ist mein Campingbus für mich ideal, da kann ich mich immer spontan entscheiden.

⊙ 29
Nummer 3
Aus Umweltgründen bin ich überzeugter Zugfahrer. Die Bahn schont einfach am besten das Klima. Leider gab es jetzt ja öfter Probleme. Verspätungen, Klimaanlagen haben nicht funktioniert, ganze Züge sind ausgefallen … Aber ich finde die Vorteile vom Zugfahren einfach immer noch größer als die Nachteile: Im Zug kann ich mich bewegen, ich kann in Ruhe lesen, ich kann auch mal in den Speisewagen gehen – das gefällt mir.

Kapitel 19
⊙ 30
Aufgabe 1
Beispiel
- Tag Klaus!
- ○ Hallo Antonia!
- Du, sag mal, eine Frage: Hast du am Wochenende Zeit?
- ○ Ja, ich glaube schon, wieso?
- Weißt du, ich hab da doch dieses alte Auto von meinem Onkel bekommen, da muss ich am Wochenende noch ein paar Kleinigkeiten reparieren. Kannst du mir da vielleicht ein paar Tipps geben?
- ○ Okay, mach ich. Wo steht das Auto denn?
- Es ist noch bei meinem Onkel, aber ich besuche ihn am Donnerstag und nehme es dann mit.
- ○ Gut, dann ist es am Samstag schon bei dir vor der Tür, oder?
- Ja, genau. Passt es dir denn um elf?
- ○ Ja, elf ist bestens.

⊙ 31
Nummer 1 und 2
- Hallo Martin! Na, wie geht's dir in deiner neuen Wohnung? Schon alles fertig?
- ○ Ach ne, nicht wirklich. Gestern ist endlich der Küchentisch gekommen, die Lieferung hat zwei Wochen gedauert!
- Und dann arbeitest du auch noch zuhause, oder? Ist dein Arbeitszimmer schon eingerichtet?
- ○ Ja, das ist zum Glück komplett. Ich habe mir einen ganz tollen neuen Bürostuhl gekauft, der ist sehr bequem. Jetzt habe ich nur noch ein Problem: Die Nachbarn von gegenüber sind furchtbar neugierig, und sie können direkt in mein Wohnzimmer sehen!
- Na, dann kauf dir doch einen Vorhang!
- ○ Ja, hab ich auch schon gedacht. Magst du mitkommen, du hast doch einen so guten Geschmack!
- Okay, gerne.

⊙ 32
Nummer 3 und 4
- Hallo Renate! Was machst du denn hier in der Bibliothek? Hast du nicht schon alle Prüfungen bestanden?
- ○ Tag Ludger! Ja, zum Glück – bis auf eine, die ist morgen. Tja, bald sind wir beide schon mit dem Studium fertig! Und wie geht's dir? Wie war dein Familienfest am Wochenende?
- Das war sehr nett, ganz entspannt.
- ○ Schön! Und wie viele Prüfungen hast du noch?
- Zwei. Aber viel spannender ist ja, dass ich mich morgen schon in einer Firma vorstellen soll, da kann ich vielleicht gleich nach dem Studium arbeiten.
- ○ Das ist ja super!
- Ja, ich habe nur noch ein Problem: Mir fehlt noch der passende Anzug. Wenn du Zeit hast, kannst du mitkommen zum Einkaufen, ein bisschen Beratung wäre super.
- ○ In einer Stunde kann ich, ist das okay?
- Ja klar, dann treffen wir uns in einer Stunde hier.

⊙ 33
Nummer 5 und 6
- Hallo Barbara, was gibt's?
- ○ Tag Tina, ich wollte dir nur dein Bügeleisen zurückbringen.
- Ah ja, danke.
- ○ Und dann hätte ich da auch noch eine Bitte. Morgen habe ich nämlich um drei einen Termin beim Friseur.
- Ach, bei Milan? Da war ich gestern auch, er hat schon nach dir gefragt.
- ○ Ja, genau. Na ja, und weißt du, ich würde am liebsten ohne Benedikt hingehen. Der langweilt sich dort nur, und das nervt dann alle.
- Na ja, also mit zwei würde ich mich beim Friseur auch langweilen. Klar, bring ihn einfach runter.
- ○ Du bist ein Schatz! Und du weißt ja, wenn ich mal auf deine Kinder aufpassen soll, jederzeit!
- Schon gut. Wir helfen uns doch immer hier im Haus.

⊙ 34
Nummer 7 und 8
- Hallo Frau Taube!
- ○ Tag Herr Klein, kommen Sie rein.
- Danke für die Einladung, das finde ich wirklich sehr nett von Ihnen.
- ○ Also für mich ist das selbstverständlich – ich bin neu hier, und da möchte ich doch die Leute kennenlernen, die mit mir im gleichen Haus wohnen.
- Ja, ich finde es auch schöner, wenn man sich kennt.
- ○ Und außerdem habe ich auch gleich noch eine Bitte an Sie. Wissen Sie, gestrichen habe ich die Küche allein, aber vor Elektrizität habe ich einfach Respekt. Hier über dem Esstisch ist noch keine Lampe, vielleicht können Sie mir da helfen?
- Ja gerne, kein Problem. Und übrigens finde ich die Farbe in der Küche sehr schön.

○ Vielen Dank, mir gefällt es auch. Das Gelb ist so schön warm. Also, dann trinken wir jetzt erst mal Kaffee, und dann machen wir uns an die Arbeit. Und zum Dank koche ich Ihnen dann mal was Nettes. Haben Sie denn am Samstagabend Zeit?
● Ja, aber das ist wirklich nicht nötig.

Kapitel 20

⊙ 35
Aufgabe 1
Beispiel
● Hi Claudia!
○ Tag Carlo.
● Sag mal, wieso warst du heute nicht in der Schule? Warst du krank?
○ Ja, ich hatte eine ganz blöde Erkältung. Aber jetzt ist es schon ein bisschen besser. Bis zu unserer Klassenfahrt will ich unbedingt wieder fit sein! Habt ihr denn heute in der Schule endlich mal über das Programm gesprochen?
● Ja. Warte mal, hier habe ich es. Also, wir fahren am Montag früh mit dem Bus los und sind dann am späten Nachmittag in Berlin. Am ersten Tag gibt es dann sonst kein offizielles Programm, da sollen wir erst mal ankommen.
○ Ja, das finde ich auch ganz gut so.

⊙ 36
Nummer 1 bis 5
● Okay, und am Dienstag machen wir dann erst mal eine Stadtrundfahrt mit dem Schiff. Berlin vom Wasser aus, ich denke, das ist sicher interessant.
○ Stimmt – und es hat den Vorteil, dass wir nicht viel zu Fuß gehen müssen!
● Da hast du recht! Am Mittwoch sehen wir dann Berlin von oben, da gehen wir in den Bundestag und am Ende auch in die Kuppel oben auf dem Dach, die man immer in den Nachrichten sieht, da hat man wohl einen ganz tollen Blick über die ganze Stadt.
○ Mhm, das klingt auch gut. Was ist dann am Donnerstag?
● Am Donnerstag ist ein kleiner Ausflug dran: Da fahren wir nach Potsdam und schauen uns Schloss Sanssouci an. Da haben wir auch eine Führung. Tja, und Freitag ist ja dann leider schon unser letzter Tag. Da gehen wir ins Neue Museum, das ist sehr interessant renoviert, hat unser Lehrer gesagt.
○ Sag mal, da haben wir aber nicht viel Freizeit, oder? Eigentlich wollte ich gern mal im Wannsee schwimmen gehen.
● Oh, ich glaube, das dürfen wir allein sicher nicht. Aber Herr Gunther meinte, dass wir vielleicht an einem Abend mal zusammen irgendwo tanzen gehen. Und am Samstag haben wir auch erst um 12 Uhr den Bus in Richtung Heimat.
○ Na, dann geht's ja. Also, ich muss unbedingt mal in eine Disco, wenn ich schon in Berlin bin!
● Ja, das finde ich auch.

Kapitel 21

⊙ 37
Aufgabe 1
Beispiel
● Schönen guten Tag, Herr Schmidt, und herzlich willkommen hier bei uns in der Firma! Ich bin Frau Gabler, die Personalchefin. Wir kennen uns ja schon aus dem Vorstellungsgespräch.
○ Guten Tag, Frau Gabler! Freut mich, Sie wiederzusehen!
● Ja, mich auch. Am besten führe ich Sie erst mal durchs Haus und zeige Ihnen alles. Sind Sie damit einverstanden?
○ Ja, natürlich, gerne.
● Das hier ist also unser Empfang. Und hier gleich gegenüber habe ich mein Büro, da finden Sie mich, wenn Sie mich brauchen.
○ Danke, das ist gut zu wissen.

⊙ 38
Nummer 1 bis 5
● So, und hier gleich beim Eingang hat auch unser Fahrer sein Zimmer. Wenn Sie also mal etwas transportieren lassen müssen, gehen Sie einfach zu ihm.
○ Alles klar, mache ich.
● Dann gehen wir eben noch in den Keller. Hier gleich neben dem Heizungsraum ist der Putzraum, da hat unsere Reinigungskraft ihr Material, und hier macht sie auch Pause.
○ Aha.
● Hier unten ist auch die Werkstatt von unserem Haustechniker, Herrn Seibert. Wenn Sie mal irgendein technisches Problem haben, ist er Ihr Ansprechpartner.
○ Das merke ich mir gut, ich werde ihn sicher irgendwann mal brauchen.
● Hier können wir zurück ins Erdgeschoss gehen. In diesem Raum ist unsere Kantine, wir haben zum Glück einen ganz guten Koch. Sie ist immer von zwölf bis zwei Uhr geöffnet.
○ Das ist ja wunderbar.
● Gut, dann gehen wir mal in den ersten Stock. Gleich hier vorne ist unser Konferenzzimmer, da treffen wir uns, wenn wir mit mehreren Personen etwas besprechen müssen.
○ Finden hier auch die wöchentlichen Teamsitzungen statt?
● Ja genau. Zum Schluss gehen wir noch in den zweiten Stock. Hier hat unsere Chefin ihr Zimmer, und hier ist natürlich auch ihre Sekretärin. Und hier gleich gegenüber ist die Buchhaltung. Wenn Sie mal eine Frage wegen Ihrer Gehaltsabrechnung haben, wenden Sie sich am besten direkt an Frau Sommer, hier in Zimmer 210.
○ Zimmer 210, in Ordnung. Und wo werde ich arbeiten?
● Im ersten Stock, ich zeige Ihnen gleich Ihr Büro. So, jetzt sind wir wieder im ersten Stock. Sehen Sie, hier hat die Leiterin der Werbeabteilung ihr Büro, und Sie sind gleich daneben.
○ Das ist ja ein schöner Raum, so groß und hell!

Kapitel 22

⊙ 39
Aufgabe 1
Beispiel
So, meine lieben Hörerinnen und Hörer, in einer halben Minute hören Sie dann die Neun-Uhr-Nachrichten an diesem wunderschönen Samstagmorgen – aber bis dahin noch etwas Musik!

⊙ 40
Nummer 1
Hier Radio Berlin mit den aktuellen Verkehrsmeldungen: Stadtverkehr Berlin, auf dem Autobahnring zwischen Messedamm Süd und Kurfürstendamm läuft ein Hund auf der Autobahn. Fahren Sie bitte langsam und vorsichtig! Der Stau nach dem Unfall auf der A 115 zwischen Hüttenweg und Grunewald hat sich wieder aufgelöst. Gute Fahrt!

⊙ 41
Nummer 2
Das war's dann auch schon wieder mit unserer Hit-Sendung! Hier noch eine Ankündigung für unsere kleinen Hörer: Morgen ab 8 Uhr senden wir wieder unser beliebtes Hörspiel am Sonntagmorgen – damit die Eltern mal ausschlafen können! Und gleich wie immer samstags kurz nach fünf: Fußball live – spannende Berichte von den aktuellen Bundesligaspielen!

⊙ 42
Nummer 3
Liebe Hörerinnen und Hörer, hier nach der Sommerpause endlich zum ersten Mal wieder unser Gewinnspiel. Preis ist dieses Mal ein wunderbarer Roman über die Geschichte der Currywurst. Sie müssen nur eine Frage beantworten: Kommt die Currywurst aus Hamburg oder aus Berlin? Rufen Sie an unter 0800 979899! Und jetzt gleich Musik von unserer CD der Woche!

⊙ 43
Nummer 4
Und hier noch eine Meldung für alle Autofahrerinnen und Autofahrer: Morgen sind wegen des deutsch-französischen Volksfests große Teile der Innenstadt gesperrt. Viele Buslinien fahren deshalb nicht. Benutzen Sie bitte die U-Bahn.

⊙ 44
Nummer 5
Das waren die Nachrichten. Das Wetter: Heute Abend von Westen her freundlicher, morgen dann verbreitet Sonnenschein, aber kühler. Am Wochenende wieder wechselhaftes Wetter mit Schauern und teilweise auch Gewittern, bei höheren Temperaturen bis maximal 25 Grad.

Kapitel 23

⊙ 45
Aufgabe 1
Beispiel
Schön, dass Sie uns eingeschaltet haben, liebe Hörerinnen und Hörer! Wir kommen wie immer um diese Uhrzeit zu unserer Frage des Tages. Am Wochenende sind Bundestagswahlen, und deshalb wollten wir wissen, wie Bürgerinnen und Bürger über Politik denken. Hören Sie jetzt vier verschiedene Meinungen!

Politik schön und gut, natürlich ist das wichtig für alle, die in diesem Land hier leben. Aber warum haben wir Ausländer dann nicht mehr Rechte? Nehmen Sie mich als Beispiel – ich lebe seit fünf Jahren hier, ich arbeite, ich zahle Steuern – aber jetzt bei der Bundestagswahl darf ich nicht wählen, weil ich keinen deutschen Pass habe. Finden Sie das gerecht? Ich nicht. Meiner Meinung nach sollten die Politiker das Wahlrecht ändern. Ich möchte, dass jeder, der hier Steuern zahlt, das Wahlrecht bekommt. Dann gibt es auch weniger Probleme mit der Integration von Ausländern, wenn die das Gefühl haben, dass die Politiker für die kämpfen.

⊙ 46
Nummer 1
Also, ich gehe auf jeden Fall am Samstag zur Wahl. Und ich weiß auch schon genau, welcher Partei ich meine Stimme geben werde. Ich finde, die Mitglieder der großen Parteien arbeiten nur für ihren eigenen Vorteil. Man muss wirklich sehr gut aufpassen, was die Abgeordneten im Bundestag so beschließen. Und man muss sich immer fragen: Für wen machen sie das eigentlich – nur für sich persönlich oder für unser Land?

⊙ 47
Nummer 2
Politik? Oh je, das ist heute doch alles so kompliziert. Also ich denke, da vertraut man am besten den Spezialisten. Bei den Entscheidungen muss man immer an so viele Dinge denken, das kann man als normaler Bürger gar nicht schaffen. Und wissen Sie, solange ich eine warme Wohnung habe, was zum Anziehen und genug zu essen, ist es mir auch ziemlich egal, wer in diesem Land regiert. Deshalb gehe ich auch am Samstag nicht zur Wahl.

⊙ 48
Nummer 3
Meiner Meinung nach geht Politik uns alle an. Und wir müssen gemeinsam für eine friedliche und gerechte Welt kämpfen. So, wie es jetzt ist, kann es doch nicht weitergehen! Deshalb finde ich es auch ganz wichtig, mehr zu tun als nur alle vier Jahre auf einem Wahlzettel ein Kreuz zu machen. Ich bin schon seit ein paar Jahren Mitglied bei einer Umweltschutzorganisation. Wir machen viele Aktionen, demonstrieren, sammeln Unterschriften. Und ich denke, wir haben schon so Einiges geschafft. Ohne uns würde es auf der Welt sicher schlechter aussehen.

Kapitel 24

⊙ 49
Aufgabe 1
Beispiel
Hallo, hier spricht Ulrike, grüß dich, Katja! Du, wir schauen uns doch heute zusammen „Das Leben ist zu lang" im Kino an. Also, ich habe eine gute Nachricht: Heute ist im Cinema Central Kinotag, da kostet der Eintritt nur 5,50 €! Dann bis später!

⊙ 50
Nummer 1
Ciao Karsten! Hier ist Moritz. Du, wir wollten doch zusammen ein Geschenk für Mia kaufen. Also, morgen kann ich auf keinen Fall, da muss ich bis spät arbeiten, aber übermorgen geht. Ruf mich doch bitte bald zurück!

⊙ 51
Nummer 2
Schönen guten Tag, Frau Steiner, hier ist die Buchhandlung am Kleistpark. Sie haben doch bei uns den Bildband über die Nordsee bestellt. Das Buch wird heute geliefert, Sie können es dann ab 11:30 Uhr hier bei uns in der Buchhandlung abholen. Schönen Tag noch!

⊙ 52
Nummer 3
Oh, schade, dass du nicht zuhause bist, Dagmar! Also, hier spricht Charlotte. Wir wollten doch endlich mal zusammen Kaffee trinken! Magst du einfach am Mittwochnachmittag zu mir kommen? Bitte meld dich doch bald! Tschüs!

⊙ 53
Nummer 4
Hallo Laura! Oliver hier. Ich rufe an wegen meiner Party am Samstag. Das Wetter ist ja jetzt so schön geworden, da können wir sogar draußen feiern! Wir treffen uns alle am Samstag um sieben am See. Du kennst doch den Grillplatz am Südufer, oder? Da feiern wir dann. Du kannst gerne auch noch jemanden mitbringen! Also bis Samstag am See, ich freu mich schon!

⊙ 54
Nummer 5
Hallo Hassan, hier ist Lennart. Du wolltest doch die Telefonnummer von Irene haben. Also, sie wohnt in München, das ist dann die Vorwahl 089, und ihre Nummer ist die 5322456. Äh, das war jetzt vielleicht zu schnell, also noch mal zum Mitschreiben: 5322456. Tschüs!

Hörtexte – Modelltest Start Deutsch 2

⊙ 55
Der Test Hören hat drei Teile. Lesen Sie zuerst die Aufgaben, hören Sie dann den Text dazu. Schreiben Sie zum Schluss Ihre Lösungen auf den Antwortbogen.

⊙ 56
Hören – Teil 1
Sie hören fünf Ansagen am Telefon. Zu jedem Text gibt es eine Aufgabe. Ergänzen Sie die Telefon-Notizen. Sie hören jeden Text zweimal.

Beispiel
Schönen guten Tag, Herr Mahler, hier spricht Schneider vom Reisebüro. Also, wir haben in Essen ein schönes Hotel für Sie gefunden. Die Telefonnummer ist die 0201 und dann die 2377835, ich wiederhole: 0201 2377835. Sie wollten ja selbst dort anrufen. Dann gute Reise und auf Wiederhören!

⊙ 57
Nummer 1
Schönen guten Tag, Frau Thalheimer, Kant hier vom Immobilienbüro Kant und Partner. Ich habe eine interessante Wohnung für Sie, direkt am Stadtpark: zwei Zimmer, Küche, Bad, und der Preis ist auch in Ordnung. Wenn Sie Interesse haben, rufen Sie bitte schnell zurück! Danke.

⊙ 58
Nummer 2
Der Elektriker Kamenz am Apparat, schönen guten Tag, Herr Fischer. Wir haben ja gerade Ihren Fernseher hier zur Reparatur. Das wird jetzt leider doch ziemlich teuer – 150 Euro. Möchten Sie Ihr Gerät dann noch reparieren lassen? Bitte melden Sie sich schnell bei uns!

⊙ 59
Nummer 3
Hallo Schatz, ich bin's. Du, unsere zwei Großen kommen gleich zum Mittagessen nach Hause, und ich habe es nicht geschafft einzukaufen, weil Marie doch

krank ist. Bringst du bitte vom Italiener noch ein Glas Tomatensoße und eine Packung Nudeln mit? Dank dir und bis gleich!

⊙ 60

Nummer 4

Hallo Paul, hier spricht Karla! Ich freue mich schon sehr auf das Wochenende bei dir! Also, ich komme am Freitag um halb sieben an, abends natürlich, kannst du mich vom Bahnhof abholen oder musst du länger arbeiten? Ruf mich bitte zurück! Danke!

⊙ 61

Nummer 5

Hallo Sascha, hier ist Susanna. Du, ich mache das Frühstück bei mir jetzt doch am Sonntag, am Samstag haben nur so wenige Leute Zeit. Ich hoffe, das geht bei dir? Ruf mich doch bitte noch mal kurz zurück! Danke!

⊙ 62

Hören – Teil 2

Sie hören fünf Informationen aus dem Radio.
Zu jedem Text gibt es eine Aufgabe.
Kreuzen Sie an: a, b oder c.
Sie hören jeden Text einmal.

Beispiel

Sie hören das Stadtradio. Hier noch eine ganz aktuelle Meldung: Wegen des Dauerregens muss das Sportfest morgen, am Samstagnachmittag, leider ausfallen. Dafür findet es am nächsten Sonntag statt. Wir hoffen auf besseres Wetter!

⊙ 63

Nummer 6

Ein wichtiger Hinweis für morgen: Es ist wieder Stadtfest, und da wird wohl kaum jemand zu Hause bleiben wollen! Aber Achtung: Große Teile der Innenstadt sind für den Verkehr gesperrt. Bitte parken Sie in den Außenbezirken und fahren Sie mit der U-Bahn oder mit dem Bus ins Zentrum!

⊙ 64

Nummer 7

Das waren die Nachrichten. Im Anschluss folgt das aktuelle Mittagsstudio mit unserem Moderator Peter Hammersen, ab 14 Uhr dann Seniorita, unser beliebtes Programm für Frauen ab 60. Nach den 16-Uhr-Nachrichten hören Sie wie immer das Sportmagazin, heute mit aktuellen Berichten aus der Bundesliga. Bleiben Sie dran!

⊙ 65

Nummer 8

Das Wetter: Von Westen her kommt ein neues Tief, das Regen bringt. Morgen den ganzen Tag wolkig und immer wieder teilweise längere und starke Regenschauer. Die Temperaturen bleiben dabei mit 15 bis 20 Grad relativ stabil. Ab übermorgen dann wieder trockener und wärmer.

⊙ 66

Nummer 9

Liebe Hörerinnen und Hörer, hier noch das Ergebnis unserer aktuellen Umfrage. Wir haben Eltern gefragt, was ihnen am wichtigsten ist: Karriere, viel Geld oder mehr Zeit für die Familie? Der größte Wunsch der meisten Eltern war: Sie wollen mehr Zeit mit ihren Lieben verbringen können und sind dafür auch bereit, weniger zu verdienen.

⊙ 67

Nummer 10

Wir kommen zum Ende. Heute hörten Sie leider zum letzten Mal die tägliche Sendung von „Frauen heute". Ab dem 1. September können Sie uns nur noch sonntags hören – das allerdings wie immer zur gewohnten Zeit um neunzehn Uhr. Wir wünschen Ihnen noch einen schönen Abend!

⊙ 68

Hören – Teil 3

Sie hören ein Gespräch. Zu diesem Gespräch gibt es fünf Aufgaben.
Ordnen Sie zu und notieren Sie den Buchstaben.
Sie hören den Text zweimal.

Beispiel

● Hallo Jan!
○ Tag Nathalie, lange nicht gesehen!
● Stimmt! Sag mal, was machst du denn am Wochenende? Hast du schon was vor?
○ Ich treffe mich mit Freunden im Park, und dann spielen wir Fußball – und du?

⊙ 69

Nummer 11 bis 15

● Also, ich fahre mit meiner Familie an die Ostsee. Nach Hiddensee.
○ Ist das nicht die Insel, auf der es keine Autos gibt?
● Ja genau.
○ Wow! Das klingt ja toll! Bei uns will immer jeder was anderes machen!
● Ja? Erzähl mal! Was macht denn dein Bruder? Spielt der noch Volleyball?
○ Nein, mein süßer kleiner Bruder geht jetzt am Wochenende immer in die Disco!
● Ist der nicht erst 14?
○ Ja schon, aber die Disco ist bei uns im Jugendheim, das findet er ganz toll. Und meine Schwester geht wahnsinnig gerne ins Kino, aber meistens in Filme, die mich nicht interessieren.
● Was sieht sie denn so?
○ Sie mag diese japanischen Comic-Filme total gern. Und die interessieren mich einfach nicht.
● Na ja, dein Geschmack ist ehrlich gesagt auch schon ziemlich speziell. Ich finde Comics auch gut.
○ Ja, du hast ja recht. Na ja, und mein Vater, der ist am Wochenende immer so müde, weil er in der Woche so viel arbeitet. Der will am liebsten nur zu Hause bleiben. Und das macht er dieses Wochenende auch.
● Wenn Väter zu viel arbeiten ... Meiner macht das leider auch oft.
○ Meine Mutter trifft am Samstag ihre beste Freundin im Café, und dann reden sie stundenlang. Ich frage mich immer, was die da eigentlich reden, aber meine Mutter kommt immer ganz glücklich zurück.
● Tja, das sind halt die Gespräche unter Frauen. Meine Mutter telefoniert auch oft stundenlang mit ihrer Freundin in Frankfurt! Und was macht denn dein Opa?
○ Der ist ja ein alter Fußballfan, der sieht sich immer die Spiele von seinem Verein an.
● Na dann – viel Spaß euch allen!
○ Danke, und euch ein wunderschönes Wochenende an der Ostsee! Tschüs!
● Tschüs!

Lösungen

Kapitel 13

1. 1. falsch, 2. c, 3. richtig, 4. a, 5. falsch, 6. c, 7. richtig, 8. c
2. 1. d, 2. e, 3. a
3. 1. f, 2. b, 3. a, 4. e, 5. d
4. 1. besten, 2. kälter, 3. teurer, 4. mehr, 5. liebsten
5. (Bewertet wird nur das richtige Personalpronomen, Fehler in der Satzstellung geben keinen Abzug.) 1. Der Rock steht dir super! 2. Schinken schmeckt ihm überhaupt nicht. 3. Wir danken euch für das Geschenk. 4. Ich helfe Ihnen gern.
6. 1. g, 2. a, 3. f, 4. x, 5. d
7. 1. Teerosenweg, 2. 040 7324356, 3. weiblich, 4. Lederjacke, 5. per Überweisung
8. Pro Frage 1 Punkt, pro Antwort 0,5 Punkte, insgesamt 0,5 Punkte für die Aussprache.

Kapitel 14

1. 1. Mehl, 2. 30 €, 3. 19:05 Uhr / fünf nach sieben, 4. im Schwimmbad, 5. 12 Uhr
2. 1. Kurs, 2. Scheidung, 3. Ostern, 4. Geschenk, 5. Ostereier
3. 1. empfehlen, 2. schreiben, 3. bedanken, 4. schenken, 5. gratulieren
4. 1. meinem, 2. eure, 3. ihren, 4. unseren, 5. seiner
5. 1. Durftest, 2. Wolltet, 3. mussten, 4. konnte, 5. durften
6. 1. richtig, 2. falsch, 3. richtig, 4. falsch, 5. richtig

7. Bewertung: Pro Inhaltspunkt 1,5 Punkte, für die kommunikative Gestaltung 0,5 Punkte.
Musterbrief:
Liebe Ayse,
danke für die Einladung! Ich komme gern.
Und natürlich möchte ich dir* zur Hochzeit auch was schenken. Was wünschst du dir denn?
Ich komme dann mit dem Zug nach Mainz, weil ich allein nicht gern Auto fahre.
Wo kann ich in Mainz übernachten? Kannst du mir ein günstiges Hotel empfehlen?
Bei der Hochzeit treffe ich sicher deine Familie wieder, oder? Das freut mich sehr, weil wir uns alle im Urlaub so gut verstanden haben.
Bis bald, deine Eva
(1 Punkt kann weggelassen werden.)
* Im Brief kann man *du, dir, deine* usw. auch großschreiben: *Du, Dir, Deine, ...*
8. 1 Punkt pro Stichpunkt.

Kapitel 15

1. 1. falsch, 2. falsch, 3. richtig, 4. richtig, 5. falsch
2. 1. akzeptieren, 2. meiner Heimat, 3. Rat, 4. Vorurteil, 5. beschweren
3. 1. stolz, 2. traurig, 3. zufrieden, 4. einfach, 5. offen
4. 1. f, 2. d, 3. a, 4. c, 5. b
5. Pro sinnvoll ergänztem Satz 1 Punkt.
6. 1. falsch, 2. richtig, 3. falsch, 4. richtig, 5. richtig
7. Bewertung: Pro Inhaltspunkt 1,5 Punkte, für die kommunikative Gestaltung 0,5 Punkte.
Musterbrief:
Lieber Cem,
jetzt bin ich schon seit sechs Monaten in Dresden.
Meine Wohnung hier ist sehr schön, sie liegt direkt im Zentrum und ist groß genug für meine Familie.
Und endlich habe ich eine gute Arbeit gefunden: Ich fahre jetzt jeden Tag von 10 bis 18 Uhr Taxi.
Leider habe ich nicht viel Freizeit, weil die Kinder noch so klein sind. Aber am Wochenende gehen wir gern in den Park.
Jeden Mittwoch spiele ich Fußball in einem Sportverein, da habe ich auch schon ein paar Freunde gefunden.
Ich hoffe, es geht dir gut!
Liebe Grüße aus Dresden,
dein Bülent
(1 Punkt kann weggelassen werden)
* Im Brief kann man *du, dir, deine* usw. auch großschreiben: *Du, Dir, Deine, ...*
8. 1 Punkt pro Frage.

Kapitel 16

1. 1. i, 2. f, 3. e, 4. c, 5. g
2. 1. f, 2. e, 3. b, 4. a, 5. d
3. 1. nachgeholt, 2. angefangen, 3. studiert, 4. geschrieben, 5. gegründet
4. 1. Sie meint, dass in Deutschland die Schule nicht leicht ist. 2. Ich hoffe, dass ich einen Studienplatz bekomme. 3. Es ist wichtig, dass man immer weiterlernen kann. 4. Mein Freund sagt, dass er ein Praktikum machen will. 5. Er glaubt, dass er dann bessere Chancen hat.
5. 1. c, 2. g, 3. a, 4. x, 5. e
6. 1. Vorbergstraße 11, 2. – , 3. nein, 4. 50–65, 5. mit Bankeinzug
7. Pro Stichpunkt 1 Punkt, 1 Punkt für die sprachliche Form.
Musterbrief:
Sehr geehrte Damen und Herren,
für meinen Beruf brauche ich dringend Spanischkenntnisse, da meine Firma seit kurzem Geschäftspartner in Spanien hat.
Günstig ist für mich ein Kurs am Abend oder auch am Samstag, da ich in der Woche immer von 9 bis 17 Uhr arbeiten muss.
Und natürlich interessiert mich auch: Was kostet ein Kurs?
Ist es möglich, dass ich einmal nach 17 Uhr zu Ihnen komme und Sie mich dann beraten?
Mit freundlichen Grüßen,
Milena Vrabcova
8. Pro Stichpunkt 0,5 Punkte.

Kapitel 17

1. 1. c, 2. b, 3. c, 4. c
2.

Möbel	technische Geräte	Besteck und Geschirr
Sofa, Sessel, Schrank, Stuhl	Waschmaschine, Toaster, Herd, Kühlschrank, Mikrowelle	Löffel, Gabel, Teller, Glas

0,5 Punkte pro richtige Zuordnung.
3. 1. dem, 2. die, 3. dem, 4. die, 5. das, 6. das
4. 1. Hättest du gern eine neue Wohnung? 2. Wir würden gern weniger Miete zahlen. 3. Er hätte gern mehr Platz. 4. Würdet ihr gern neue Möbel kaufen? 5. Sie würden gern im Ausland leben.
5. 1. richtig, 2. falsch, 3. richtig
6. 1. b, 2. a, 3. c, 4. b, 5. c, 6. b
7. Pro Stichpunkt 1 Punkt, 1 Punkt für die sprachliche Form.
Musterbrief:
Sehr geehrte Frau Raab,
im Internet habe ich Ihre Wohnungsanzeige gefunden.
Ihr Angebot ist sehr interessant für mich.
Ich arbeite seit einem Jahr in einem italienischen Restaurant als Pizzabäcker und habe eine feste Stelle. Meine Frau arbeitet als Krankenschwester hier im Städtischen Krankenhaus. Wir haben keine Kinder.
Wir würden uns die Wohnung gerne einmal ansehen und bitten Sie um einen Termin.
Nächste Woche haben wir immer am Vormittag Zeit.
Mit freundlichen Grüßen
Umut Karbulut
8. Pro Frage 1 Punkt, pro Antwort 0,5 Punkte, insgesamt 0,5 Punkte für die Aussprache.

Kapitel 18

1. 1. e, 2. a, 3. f
2. 1. Werkstatt, 2. prüfen, 3. Batterie, 4. Reifen, 5. wechseln, 6. Motor
3. 1. a, 2. e, 3. c, 4. f, 5. b
4. 1. Frau Fischer lässt den Sitzplatz reservieren. 2. Der Test wird morgen geschrieben. 3. Wir lassen die Möbel bringen. 4. Die Wohnung wird geputzt. 5. Meine Kamera wird repariert. 6. Herr Fleming lässt die Computerprogramme installieren.
5. 1. richtig, 2. richtig, 3. falsch, 4. falsch, 5. richtig
6. 1. Tatjana, 2. Leipzig, 3. Azubi, 4. 110, 5. Stadtsparkasse Leipzig
7. 1 Punkt pro Frage.
8. 1 Punkt pro Stichpunkt.

Kapitel 19

1. 1. falsch, 2. c, 3. richtig, 4. a, 5. richtig, 6. a, 7. falsch, 8. c
2. 1. langen, 2. weiße, 3. schicken, 4. tolle, 5. hohen
3. 1. warmen, 2. neues, 3. nächsten, 4. kleinen
4. 1. e, 2. a, 3. c, 4. b
5. 1. e, 2. a, 3. c, 4. d
6. 1. a, 2. c, 3. a, 4. b, 5. b
7. Bewertung: Pro Inhaltspunkt 1,5 Punkte, für die kommunikative Gestaltung 0,5 Punkte.
Musterbrief:
Liebe Maria,

vielen Dank für deine* nette E-Mail. Hier sind ein paar Antworten auf deine Fragen:
Mein Hobby ist Nähen, ich mache mir gern schicke Kleider. Außerdem höre ich gerne Musik und gehe gerne tanzen.
Ich bin nicht verheiratet, meine Eltern leben in Ungarn, und ich bin seit drei Monaten in Deutschland.
Ich arbeite hier bei einer Familie als Au-Pair. Später möchte ich in Deutschland studieren.
Ich finde bunte Kleider schön, und alte Möbel mag ich auch. Und du?
Antworte bitte bald,
deine Agi
(1 Punkt kann weggelassen werden)
* Im Brief kann man *du, dir, deine* usw. auch großschreiben: *Du, Dir, Deine, ...*

8. Möglich ist ein Termin um 18 Uhr – oder Kandidat/Kandidatin A oder B verschiebt einen Termin, und man einigt sich so auf eine gemeinsame Zeit. Aufgabe voll erfüllt: 5 Punkte, Aufgabe teilweise erfüllt: 2,5 Punkte, Aufgabe nicht erfüllt: 0 Punkte.

Kapitel 20

1. 1. f, 2. b, 3. g, 4. c, 5. a
2. (Je 0,5 Punkte für das richtige Pronomen und die richtige Endung.) 1. seins, 2. keinen, 3. eine, 4. keine, 5. eins
3. 1. Er rasiert sich zweimal täglich. 2. Wir unterhalten uns gern über Politik. 3. Sie streiten sich immer an Weihnachten. 4. Ich ärgere mich über die laute Musik. 5. Ihr versteht euch sehr gut.
4. 1. niemanden, 2. nichts, 3. alle, 4. jemand, 5. etwas
5. 1. Spielplätze, 2. Freundeskreis, 3. Semester, 4. Bekannte, 5. Mitglieder
6. 1. falsch, 2. richtig, 3. falsch, 4. richtig, 5. richtig
7. 1. 12, 2. Schülerin oder – , 3. 1. März / 1.3., 4. Volleyball, 5. Anfänger
8. Möglich ist ein Termin am Freitagnachmittag – oder Kandidat/Kandidatin A oder B verschiebt einen Termin, und man einigt sich so auf eine gemeinsame Zeit. Aufgabe voll erfüllt: 5 Punkte, Aufgabe teilweise erfüllt: 2,5 Punkte, Aufgabe nicht erfüllt: 0 Punkte.

Kapitel 21

1. 1. c, 2. f, 3. b, 4. h, 5. g
2. 1. -en, 2. -en, 3. -e, 4. -e, 5. -en
3. 1. die, 2. den, 3. die, 4. der, 5. das
4. 1. d, 2. e, 3. a, 4. f, 5. b
5. 1. e, 2. x, 3. h, 4. d, 5. f
6. Pro Stichpunkt 1 Punkt, 1 Punkt für die sprachliche Form
Musterbrief:
Sehr geehrte Damen und Herren,
ich habe Ihre Anzeige in der Zeitung gelesen. Für die Stelle als Aushilfe in Ihrem Restaurant interessiere ich mich sehr.
Seit zwei Jahren lebe ich hier mit meiner Familie in Hannover. Ich bin verheiratet und habe zwei Kinder.
In meiner Heimat habe ich 12 Jahre die Schule besucht und mit einem guten Zeugnis abgeschlossen. Danach habe ich bei meinem Vater im Laden mitgeholfen. Hier in Deutschland habe ich schon ein halbes Jahr in einem Imbiss gearbeitet.
Ich würde mich gerne bei Ihnen vorstellen.
Mit freundlichen Grüßen
Lawrence Kimbu
7. 1 Punkt pro Frage.
8. Pro Frage 1 Punkt, pro Antwort 0,5 Punkte, insgesamt 0,5 Punkte für die Aussprache.

Kapitel 22

1. 1. b, 2. c, 3. a, 4. c, 5. c
2. 1. -en, 2. -e, 3. -er, 4. -en, 5. -es
3. 1. starten, 2. zappen, 3. mailen, 4. umschalten, 5. finanzieren
4. 1. Vertrag, 2. Tarif, 3. Mailbox, 4. Netz
5. 1. b, 2. c, 3. c, 4. b, 5. a
6. 1. richtig, 2. b, 3. falsch, 4. c, 5. falsch, 6. a
7. Pro Stichpunkt 1 Punkt, 1 Punkt für die sprachliche Form
Musterbrief:
Sehr geehrte Damen und Herren,
ich habe bei Ihnen einen MP3-Player bestellt und das Gerät auch pünktlich bekommen. Leider gibt es aber ein Problem: Die Speicherkarte funktioniert nicht.
Da das Gerät neu ist, habe ich doch sicher noch Garantie, oder?
Deshalb bitte ich Sie, mir das Gerät zu reparieren oder mir ein neues Gerät zu schicken.
Sie erreichen mich unter sergio.alessi@mail.it
Mit freundlichen Grüßen
Sergio Alessi
8. Pro Frage 1 Punkt.

Kapitel 23

1. 1. f, 2. a, 3. e
2. 1. auf, 2. für, 3. mit, 4. um, 5. über, 6. auf
3. 1. stand, 2. dachte, 3. ging, 4. bekam, 5. wusste
4. 1. g, 2. e, 3. b, 4. a, 5. d, 6. f
5. 1. richtig, 2. richtig, 3. falsch, 4. richtig, 5. falsch
6. Bewertung: Pro Inhaltspunkt 1,5 Punkte, für die kommunikative Gestaltung 0,5 Punkte.
Musterbrief:
Lieber Kasimir,
dank dir* für deinen Brief.
Mir geht es sehr gut, ich lerne viel Deutsch und habe auch endlich eine Arbeit gefunden.
Herzlichen Glückwunsch zu deinem deutschen Pass!
Jetzt kannst du endlich ohne Probleme in ganz Europa reisen.
Ich finde gut, dass du gewählt hast – das ist wichtig für die Demokratie. Wenn man nicht wählen geht, machen die Politiker, was sie wollen.
Wir haben in meinem Land jetzt eine neue Regierung. Leider hat früher die Demokratie bei uns noch nicht so gut funktioniert, aber ich hoffe, das wird jetzt besser.
Liebe Grüße und bis bald,
deine Maria
(1 Punkt kann weggelassen werden.)
* Im Brief kann man *du, dir, deine* usw. auch großschreiben: *Du, Dir, Deine, ...*
7. Aufgabe voll erfüllt: 5 Punkte, Aufgabe teilweise erfüllt: 2,5 Punkte, Aufgabe nicht erfüllt: 0 Punkte.
8. Pro Frage 1 Punkt, pro Antwort 0,5 Punkte, insgesamt 0,5 Punkte für die Aussprache.

Kapitel 24

1. 1. morgen, 2. ab 11:30 Uhr, 3. Mittwochnachmittag, 4. am See, 5. 5322456
2. 1. seit, 2. zu, 3. nach, 4. bei, 5. Mit
3. 1. bis, 2. dass, 3. wenn, 4. bevor, 5. die
4. 1. a, 2. d, 3. b, 4. e
5. 1. c, 2. a, 3. b, 4. a, 5. b, 6. c
6. Bewertung: Pro Inhaltspunkt 1,5 Punkte, für die kommunikative Gestaltung 0,5 Punkte.
Musterbrief:
Lieber Roman,
erst mal herzlichen Glückwunsch! Toll, dass du* die Prüfung bestanden hast! Ich freue mich für dich!
Vielen Dank für die Einladung, ich komme gerne. Wer kommt denn noch? Kommen alle aus unserem Deutschkurs? Hast du auch Tom eingeladen?
Soll ich etwas für die Party mitbringen? Ich kann einen Salat machen, wenn du willst.
Wo wohnst du denn genau? Wie komme ich zu dir? Bitte

schicke mir noch eine Wegbeschreibung.
Dann bis Samstag!
Liebe Grüße, Magdalena
(1 Punkt kann weggelassen werden.)
* Im Brief kann man *du, dir, deine* usw. auch großschreiben: *Du, Dir, Deine, ...*

7. Pro Frage 1 Punkt, pro Antwort 0,5 Punkte, insgesamt 0,5 Punkte für die Aussprache.
8. Möglich ist ein Termin am Donnerstagnachmittag um 17 Uhr – oder Kandidat/Kandidatin A oder B verschiebt einen Termin, und man einigt sich so auf eine gemeinsame Zeit. Aufgabe voll erfüllt: 5 Punkte, Aufgabe teilweise erfüllt: 2,5 Punkte, Aufgabe nicht erfüllt: 0 Punkte.

Modelltest Start Deutsch 2

Hören 1: 1. am Stadtpark, 2. 150 Euro, 3. Nudeln, 4. halb sieben / 18:30 Uhr, 5. am Sonntag
Hören 2: 6. a, 7. a, 8. c, 9. c, 10. a
Hören 3: 11. d, 12. i, 13. e, 14. c, 15. a

Lesen 1: 1. b, 2. a, 3. c, 4. a, 5. a
Lesen 2: 6. falsch, 7. falsch, 8. richtig, 9. falsch, 10. richtig
Lesen 3: 11. x, 12. h, 13. b, 14. e, 15. d

Schreiben 1: 1. 22339, 2. m, 3. ja, 4. digitale Fotografie, 5. 15. März

Bewertung und Benotung

Orientieren Sie sich bei der Bewertung der produktiven Testteile Schreiben und Sprechen an den Kriterien von Start Deutsch 2. Diese sind:

Bewertung Schreiben

Teil 1:
Ein Punkt pro richtig ausgefülltem Feld – es muss nicht orthografisch korrekt, aber verständlich sein.

Teil 2:

Erfüllung der Aufgabenstellung (pro Inhaltspunkt)	3 Punkte	Aufgabe voll erfüllt und verständlich
	1,5 Punkte	Aufgabe wegen sprachlicher und inhaltlicher Mängel nur teilweise erfüllt
	0 Punkte	Aufgabe nicht erfüllt und/oder unverständlich
Kommunikative Gestaltung des Textes	1 Punkt	der Textsorte angemessen
	0,5 Punkte	untypische oder fehlende Wendungen, z. B. keine Anrede
	0 Punkte	keine textsortenspezifischen Wendungen

Bewertung Sprechen

Erfüllung der Aufgabenstellung und sprachliche Realisierung	volle Punktzahl	Aufgabe voll erfüllt und verständlich
	halbe Punktzahl	Aufgabe wegen sprachlicher und inhaltlicher Mängel nur teilweise erfüllt
	0 Punkte	Aufgabe nicht erfüllt und/oder unverständlich

Teil 1: 1 Punkt für sich vorstellen, 2 Punkte für Zusatzfragen, insgesamt maximal 3 Punkte.
Teil 2: 1 Punkt pro Frage bzw. Antwort – insgesamt maximal 6 Punkte.
Teil 3: jeweils 3 Punkte für Aktionen und Reaktionen – insgesamt maximal 6 Punkte.

Benotung

In der Prüfung Start Deutsch 2 gibt es insgesamt 60 Punkte. Diese werden mit dem Faktor 1,66 multipliziert; so kommt man auf maximal 100 Punkte. Ab 60 Punkten hat man die Prüfung bestanden.

Punkte	Note
90–100 Punkte	sehr gut (1)
80–89 Punkte	gut (2)
70–79 Punkte	befriedigend (3)
60–69 Punkte	ausreichend (4)

Detaillierte Hinweise zu den Tests finden Sie auf den Webseiten von telc (www.telc.net) und Goethe-Institut (www.goethe.de).